Wibke Hartewig

Traumberuf Tänzer

Ausbildung, Einstieg, Praxis

HENSCHEL

www.henschel-verlag.de
www.seemann-henschel.de

Bibliografische Information der Deutschen Nationalbibliothek

Die Deutsche Nationalbibliothek verzeichnet diese Publikation in der Deutschen Nationalbibliografie; detaillierte bibliografische Daten sind im Internet über http://dnb.d-nb.de abrufbar.

ISBN 978-3-89487-711-8

© 2013 by Henschel Verlag in der Seemann Henschel GmbH & Co. KG, Leipzig

Die Verwertung der Texte und Bilder, auch auszugsweise, ist ohne Zustimmung des Verlags urheberrechtswidrig und strafbar. Dies gilt auch für Vervielfältigungen, Übersetzungen, Mikroverfilmungen und für die Verarbeitung mit elektronischen Systemen.

Lektorat: Sabine Bayerl
Umschlaggestaltung: Ingo Scheffler, Berlin
Titelfoto: Elisa Carrillo Cabrera, Erste Solotänzerin des Staatsballett Berlin, in »Showtime« (Ch. Eric Gauthier), Gala zur Spielzeiteröffnung 2010/11.
© Enrico Nawrath
Satz und Gestaltung: Das Herstellungsbüro, Hamburg
Druck und Bindung: CPI – Ebner & Spiegel, Ulm
Printed in Germany

Gedruckt auf alterungsbeständigem Papier
mit chlorfrei gebleichtem Zellstoff

Inhalt

Vorwort 11

I Tänzer werden – Tänzer sein 15
Tanzen – ein weites Feld 15
»Die Liebe zum Ballett hat mir niemand nehmen können« – Maria-Helena Buckley 18
»Mich hat die Radikalität gereizt« – Alexandra Marschner 22
»Eine ästhetische Lücke füllen« – Adrian Navarro 26
»Die ganze Zeit in Bewegung sein« – Julek Kreutzer 32
»Unbedingt selbstkritisch bleiben« – Ramon A. John 36

II Die Tanzausbildung 43
Standortbestimmung: Aktuelle Entwicklungen der Tanzausbildung 43
   Die Vielfalt gelehrter Techniken 46
   Körperbewusstsein, Körperwissen 49
   Verbindung von Theorie und Praxis 51
   Der selbstbewusste, kreative Tänzer 53
   Ausbildung als Vorbereitung auf den Beruf 54
Besonderheiten der Vorausbildung 56
Tanzausbildungsstätten 63
   Die Wahl der passenden Schule 63
   Unterschiede zwischen staatlichen und privaten Ausbildungsstätten 67
   Inhalte der Vollzeitausbildung 70

Die Aufnahmeprüfung 77
  Ablauf 77
  Aufnahmekriterien 79
  Stimmen aus der Praxis 81
Ausbildung aus dem Blick der Tanzmedizin:
Interview mit Liane Simmel 83
Erfahrungen aus dem Ausbildungsalltag 89

III Der Sprung ins Berufsleben 95

Berufswelten 95
  Der Berufsmarkt: Stellen, Strukturen, Entwicklungstendenzen 95
  Arbeitsbereiche, Arbeitsformen 102
  Im Job – Stimmen 109
Unterstützung beim Berufseinstieg:
Juniorkompanien & Co. 112
Auditions 116
  Ablauf 117
  Auswahlkriterien 121
  Vorbereitungsmöglichkeiten 124
Jobvermittlung und Agenten 126
Netzwerke(n) 127
Soziale Absicherung 130
Nach der Tanzkarriere: Transition und alternative Berufe 134

Zu guter Letzt 138

Anhang 141

Staatliche Tanzausbildungsstätten im deutschsprachigen Raum 141

Private Tanzausbildungsstätten im deutschsprachigen Raum 146

Europäische Tanzausbildungsstätten 147

Musicalausbildungsstätten im deutschsprachigen Raum 147

Workshops, Fort- und Weiterbildungen 148

Wettbewerbe, Preise 148

Festivals, Tanzplattformen 148

Tanzzentren, Spielstätten, Kompanien 148

Agenturen, Management 149

Jobbörsen und Audition-Infos 149

Fördermöglichkeiten: Projekt- / Basisförderung, Stipendien, Residenzen 150

Soziale Absicherung 150

Berufsverbände und Tanzorganisationen 150

Tanzarchive im deutschsprachigen Raum 151

Tanz-Portale 152

Fachzeitschriften 152

Literatur 153

Anmerkungen 156

Abbildungsverzeichnis 158

Dank 160

Die Autorin 160

Vorwort

Wie werde ich Tänzerin oder Tänzer? Wann sollte ich mit der Ausbildung beginnen? Welche Bewegungserfahrung muss ich für ein Tanzstudium mitbringen? Welche Schule ist die richtige für mich? Wie bestehe ich die Aufnahmeprüfung? Wie sieht der Berufsmarkt aus? In welchen Bereichen kann ich als Tänzer* arbeiten? Was kann ich verdienen? Wie schaffe ich den Berufseinstieg? Wie läuft eine Audition ab? Tanzhochschulen und -institutionen werden mit derartigen Fragen überhäuft, in Internetforen werden sie leidenschaftlich diskutiert. Nicht selten jedoch bleiben sie auch unausgesprochen oder kursieren nur im Kreise derer, die im Geheimen oder offen von einer Tanzkarriere auf den Bühnen der Welt träumen.

Diesen Fragen nachzugehen und die Suche nach individuell gültigen Antworten zu unterstützen, ist Ziel des vorliegenden Handbuchs. Es wendet sich an alle, die Informationen zum Beruf des Tänzers suchen: an Tanzbegeisterte, die mit dem Gedanken spielen, ihr Hobby zum Beruf zu machen, an Tanzschüler und fertig ausgebildete Tänzer, die sich in Bezug auf ihre weitere Ausbildung, den Berufseinstieg und Berufsalltag informieren und (neu) orientieren wollen, aber auch an Eltern und Förderer, die ihren Kindern oder jungen Talenten zur Seite stehen möchten.

Um das vielfältige Berufsfeld ›Bühnentanz‹ aus unterschiedlichen Perspektiven zu beleuchten und hinter die Kulissen von Ausbildungsstätten, Veranstaltern und Entscheidungsträgern zu blicken, habe ich Tänzer und Tanzstudierende, Schulleiter und Tanzpädagogen, Choreographen und Theaterleiter interviewt und ihr persönliches Wissen mit Informationen aus eigenen Recherchen zusammen-

---

* Bei den Berufsbezeichnungen wird aus Gründen der besseren Lesbarkeit zumeist auf eine geschlechterspezifische Schreibweise verzichtet, angesprochen sind jedoch immer beide Geschlechter.

geführt. So ergibt sich ein vielschichtiges Bild, das wichtige Aspekte der Tanzausbildung und des Berufsalltags aufgreift und dazu anregen möchte, sich weiter mit diesen Themen auseinanderzusetzen und Angebote der Ausbilder und Arbeitgeber kritisch zu hinterfragen.

Das Buch konzentriert sich auf den Beruf des ›Bühnentänzers‹ bzw. der ›Bühnentänzerin‹ und klammert damit sowohl den Gesellschaftstanz als auch den Tanzsport aus, die jeweils eigenen Regeln und Zielen folgen. Im vorliegenden Band wird Tanz sowohl als Kunstform in den Blick genommen als auch als Profession, mit der ein Tänzer einen relevanten Teil seines Lebensunterhalts verdient – und zwar mit Tanzauftritten vor Publikum, nicht durch Tanzunterricht oder andere tanznahe Tätigkeiten. Der Begriff ›Bühne‹ ist dagegen in weiterem Sinne zu verstehen: als Auftrittsort in einem Theater ebenso wie in anderen öffentlichen und privaten Räumen oder an einem Film- und Fernseh-Set. Bühnentänzer können unterschiedlichste Tanzarten praktizieren: sei es Ballett oder zeitgenössischen Tanz, Jazz oder Hip-Hop, um nur einige wenige zu nennen.

Im Mittelpunkt der Ausführungen stehen die Tanzszene und -ausbildung in Deutschland (bzw. im deutschsprachigen Raum). Zwar sind Tänzer beruflich stark international ausgerichtet und überschreiten immer wieder Landesgrenzen, doch Ausbildungslandschaft und Berufsmarkt sind abhängig von der nationalen Kulturförderung, den nationalen Bildungs- und Sozialsystemen und daher von Land zu Land verschieden. Der Fokus auf Deutschland ermöglicht einen Blick auf die Details und die inneren Zusammenhänge dieser spezifischen Tanzszene. Viele Aspekte sind jedoch übertragbar, insbesondere auf andere europäische Länder; zudem besitzen viele Informationen und Hinweise etwa zur Wahl der Schule, zu tanzmedizinischen Themen, Auditions und Networking länderübergreifende Gültigkeit.

I Tänzer werden – Tänzer sein

Tanzen – ein weites Feld

»Es gibt tausend Arten von Tanz, tausend Arten von Tänzern und tausend Arten von Produktionen«, stellt die Tänzerin Etoile Chaville mit Blick auf die professionelle Tanzlandschaft fest. Und formuliert damit, warum es ein geradezu aussichtsloses Unterfangen darstellt, den Beruf ›Tänzer/Tänzerin‹ mit seinen Aufgaben, Voraussetzungen und der dazugehörigen Ausbildung eindeutig zu definieren. Tanz hat heutzutage derart viele Facetten, dass detaillierte Beschreibungen höchstens für konkrete Tanztechniken oder Stile einzelner Choreographen gelingen.

Bis in die späten 1980er-Jahre hinein (und in manchen Broschüren der Agentur für Arbeit leider noch heute) wurde Bühnentanz an deutschen Theatern mit Ballett gleichgesetzt. Alle anderen Tanzformen waren ein »aus der Reihe Tanzen«, wie es ein Berufskundebuch aus dieser Zeit in seiner Kapitelüberschrift zu modernem Tanz, Tanztheater, Musical und dem experimentellen Tanz der entstehenden freien Szene formuliert. Das hat sich mittlerweile geändert: Unterschiedliche Tanztechniken und Arbeitsweisen haben Einzug in die Theater und die Tanzausbildung gehalten, die Gattungen sind vielfältiger und durchlässiger geworden.

Mit professionellem Tanzen seinen Lebensunterhalt zu bestreiten ist im deutschsprachigen Raum zunächst einmal an den öffentlich subventionierten Stadt- und Staatstheatern möglich, die neben (neo)klassischem und zeitgenössischem Ballett – das dort nach wie vor fast überall als Trainingsbasis dient – zunehmend auch modernen und zeitgenössischen Tanz sowie Tanztheater zeigen. Daneben existiert die freie Szene mit ihren freien Kompanien, Einzelkünstlern und Projekten, die sich mit Hilfe von öffentlichen Fördertöpfen, privaten Sponsoren und Unternehmern, Koproduktionsnetzwerken,

Auftritten und Gastspielen finanziert. Hier lassen sich alle denkbaren Tanzformen finden: vom hochvirtuosen modernen und zeitgenössischen Tanz über experimentelle Performance-Formate hin zu den vielfältigen Ethno-Tanz- und Street-Dance-Arten. Bezahlte Jobs für Tänzer mit Hintergrund im Jazz, Hip-Hop, Show-, Musical-, Stepp- oder Gesellschaftstanz bietet besonders der privatwirtschaftliche Sektor: sei es auf privaten Bühnen, bei Galaveranstaltungen und Shows, in der Musik- und Eventbranche, auf Kreuzfahrtschiffen, in Diskotheken, in der Werbung oder im Fernsehen.

Die Tanzlandschaft lebt vom kontinuierlichen Technik-Mix: nicht nur von der Vielfalt nebeneinander bestehender Techniken, sondern auch von deren Verschmelzung. Mal werden einzelne Elemente zur Weiterentwicklung des eigenen Stils aufgegriffen, mal prallen Techniken aufeinander: So vermischen sich etwa Jazz und Kampfsport, afrikanischer Tanz und Modern Dance, Kontaktimprovisation und Tango oder Breakdance und Ballett. Auch sind die Grenzen zu anderen Künsten durchlässig, und Improvisationstechniken aus den Bereichen Schauspiel und Physical Theatre, Gesang, Sprache usw. werden in den Tanz integriert.

Wer heute Tänzer werden möchte, tut gut daran, verschiedene Techniken zu erproben und sich aus der Fülle der Möglichkeiten das auszusuchen, was zu seinen körperlichen Voraussetzungen, seinen Bewegungsvorlieben und ästhetischen Idealen passt. Denn jede Technik verlangt unterschiedliche Bewegungsqualitäten, die dem einen mehr, dem anderen weniger liegen: Fühle ich mich wohl, wenn ich möglichst lange in der Luft schwebe, oder ziehe ich meine Energie aus dem Boden, mag ich harte, gebrochene Bewegungen oder lieber weiche, ineinanderfließende?

Darüber hinaus ist jede Art von Tanz in eine eigene ›Tanzkultur‹ eingebettet, mit der sich der angehende Tänzer identifizieren können sollte. Dazu gehören die jeweilige Ästhetik und das darin transportierte Körperbild, der musikalische Rahmen, das zugrunde liegende Konzept und dessen historische, gesellschaftliche und politische Dimensionen, aber auch das jeweilige Publikum und die entsprechenden Aufführungsorte. Den Zuschauer im Opernhaus, den Besucher des trendigen Clubs und das beim Battle mitfiebernde Break-Community-Mitglied trennen in vielerlei Hinsicht Welten.

Ebenso vielfältig und individuell wie das weite Feld ›Tanz‹ sind auch Werdegang und Berufsalltag von Tänzern. Daher wäre es verfehlt, den einen ›richtigen‹, erfolgversprechenden Weg in den Beruf nachzeichnen zu wollen oder allgemeingültige Fakten eines ›typischen‹ Tänzeralltags aufzulisten. Um dennoch einen Eindruck von diesem Beruf zu vermitteln, werden im Folgenden fünf verschiedene Karrieren geschildert. Sie beruhen auf Gesprächen mit angehenden, aktiven und ehemaligen Tänzerinnen und Tänzern unterschiedlicher Sparten. Da gibt es zum einen die ehemalige Solotänzerin einer großen Ballettkompanie, die die Veränderung der klassischen Szene in den letzten Jahren hautnah erfährt; dann die Ballettschülerin, für die Tanz zwar alles bedeutet, die ihn aber aus guten Gründen trotzdem nicht zum Beruf macht. Es folgt die Erzählung eines Tänzers, der in zwei Welten zu Hause ist: Zunächst tanzte er in klassischen Kompanien, bevor er in die freie zeitgenössische Szene wechselte. Danach erhält eine Tanzstudentin das Wort, die nach langer Aufnahmeprüfungstournee mit ihrer zeitgenössischen Ausbildung in die freie, experimentelle Szene strebt, und schließlich der frisch engagierte Tänzer einer mittelgroßen, modernen Stadttheaterkompanie, der weiterhin auf der Suche nach dem passenden Weg ist. Die Beispiele sind repräsentativ, und es werden darin Merkmale des Tänzerdaseins angesprochen, die auch von anderen Gesprächspartnern dieses Buches erwähnt wurden. Sie geben Einblick in die unterschiedlichen Sparten, in denen der Großteil der Tänzer im deutschsprachigen Raum professionell unterwegs ist.

»Die Liebe zum Ballett hat mir niemand nehmen können« – Maria-Helena Buckley

»Ballett ist wie eine Religion für die, die es ernsthaft machen.« Dass Kunst eine zentrale Rolle in Maria-Helena Buckleys Leben spielt, wird ihr bereits in die Wiege gelegt: Beide Eltern sind Künstler und fördern die Talente ihres Kindes, wo sie können. Weil es ihr an Körperspannung fehlt, schickt der Vater sie zum Ballettunterricht in eine private Akademie um die Ecke mit bestem Ruf. Bald liebt sie das Tanzen, und mit neun Jahren ist es ihr dann schon ernst: Sie hat viel Ballett gesehen, sich von einer ehemaligen Tänzerin des New York City Ballet, bei der sie zwischenzeitlich trainiert hat, begeistern lassen und träumt davon, ebenfalls auf der Bühne zu stehen. Täglich nimmt sie Trainingsstunden und wechselt mit 14 an eine private Ballettschule, wo sie das Glück hat, von einer der großen Primaballerinen ihrer Zeit unterrichtet zu werden, die sich auch als wunderbare Lehrerin erweist.

»Ich lebte in der Illusion der Wichtigkeit dessen, was ich machte, besonders als Kind: Ballett, das war das Heiligste und Schönste, was es auf der Welt gab. Das half auch über Probleme mit meinen Eltern und im Privatleben hinweg. Sogar als ich später am Theater schwierige Zeiten hatte: Die Liebe zum Tanz hat mir niemand nehmen können. Wenn alles schön war, dann war es wirklich schön. Dann gab es nichts, was ich damit vergleichen könnte. Es gibt nichts Schöneres als diesen Beruf.«

Mit 16 trainiert sie in den Winterferien bei der Ballettkompanie der Oper mit und nimmt kurze Zeit später an der Audition für das Corps de Ballet teil – mit Erfolg. Zwar soll sie eigentlich das Abitur machen, doch der Unterricht lässt sich mit dem Engagement nicht vereinbaren, und Buckley bricht die Schule ab. Zwei Wochen nach Antritt steht sie bereits in *Schwanensee* auf der Bühne. »Als ich angefangen habe, war es viel, viel schöner als geträumt. Später kamen dann die Intrigen, Schmerzen und Eifersüchteleien dazu, die hatte ich so nicht erwartet. Man merkt es erst, wenn es einen selbst betrifft. Aber anfangs war alles ein Traum.«

Für die jungen Eleven wird nachmittags ein Extratraining angeboten, in dem Buckley ganz akribisch Grundlagen lernt. Sie merkt schnell, dass ihre Technik noch nicht perfekt ist. Sie hat Angst vor den schwierigen technischen Stellen: Manchmal klappt es, manchmal nicht, erwartet wird aber, dass es immer 100-prozentig klappt. Zum Glück helfen ihr die Ballerinen der Kompanie bei der Verbesserung ihrer Technik und vervollständigen so ihre Ausbildung.

Mit 18 wechselt sie an ein kleineres Stadttheater, nicht zuletzt weil ihre Hauptmentorin, ihr großes Vorbild, ebenfalls dorthin engagiert wird. Hier lernt sie ihre spätere beste Freundin, eine gleichaltrige Tänzerin, kennen. Allen Vorurteilen vom Konkurrenzkampf in der Ballettwelt zum Trotz gehen die beiden ihren weiteren Berufsweg zusammen, tanzen an den gleichen Häusern und werden etwa zeitgleich befördert; sie unterstützen sich mental – und teilen vor allem ihre Ballettbesessenheit. »Wir waren echte Ballettfanatiker. Die anderen haben uns schon fast belächelt dafür, dass wir uns den ganzen Tag ausschließlich mit Ballett beschäftigten. Abends haben wir Vorstellungen angeguckt, im Theater oder auf Video, und haben gemeinsam getanzt, geübt, viel Spaß gehabt.« Sie kaufen sich jedes Ballettbuch, später auch Bücher zur Anatomie und Physiologie und eignen sich so im Selbststudium Wissen an, mit dem sie bis zu diesem Zeitpunkt noch kaum in Berührung gekommen sind.

Nach zweieinhalb Jahren wechseln beide an die Oper der Großstadt zurück, zunächst mit einem Gruppenvertrag. Es dauert drei weitere Jahre harter Arbeit, bis Buckley zur Solistin ernannt wird, ihre Freundin später sogar zur Ersten Solistin. »In den großen klassischen Kompanien muss man sich in der Hierarchie hocharbeiten. Das war mir immer klar. Deshalb war ich auch nicht wie viele meiner Kollegen geschockt, als ich bei meinem ersten Engagement in die Gruppe gesteckt wurde, obwohl ich doch vorher in der Ausbildung die ganzen Solo-Partien gelernt und meine Primaballerinenträume kultiviert hatte.«

Buckley sieht ihren Solotänzerinnen-Status vor allem als Ergebnis jahrelanger Arbeit an, Dranbleiben und Sich-Durchbeißen ist ihre Devise, und dafür liefert ihr ihre Liebe zum Tanz die nötige Motivation. Außerdem entspricht sie körperlich dem Klischee der klassischen Tänzerin: langer Hals, hübscher Kopf, schöne Füße, Technik, Ausstrahlung. Und sie wird – wie viele ihrer Solo-Kollegen auch – innerhalb der Kompanie entdeckt und gefördert: von einem Gastchoreographen, der sie von Anfang an in seinen Stücken gut besetzt.

Dass sie so viele Jahre bei einer Kompanie bleibt, hat sie nie geplant, lange denkt sie, dies sei nur ein Zwischenstopp. Sie tanzt beispielsweise am American Ballet Theatre vor und bekommt die Chance, dort anzufangen. Da sie zeitgleich ihren zukünftigen Mann in der alten Kompanie kennenlernt, entscheidet sie sich letztlich aus privaten Gründen dagegen. Im Nachhinein bedauert sie es etwas, dass sie mit 30 nicht noch einmal den Sprung gewagt hat und zu einem spannenden Choreographen in eine kleinere Kompanie gewechselt ist:

»Ich war 20 Jahre auf der Bühne, mit Spitzenschuhen, Tutu und Krönchen, war glücklich, hatte eine sehr gute Position und sehr viel Glück. Aber wenn ich sehe, wie die Choreographen mit *ihren* Leuten arbeiten, vermisse ich das manchmal. In einer kleineren Kompanie zu arbeiten, nicht in dieser großen Hierarchie, und vielleicht individueller, wo es dann auch um mich geht, wo sich ein Choreograph mit mir beschäftigt und mir auch Freiheiten lässt. Hier haben die Gastchoreographen natürlich auch Stücke für die Kompanie gemacht, aber es gab immer schon ein Schema, in das man reinpassen musste. In einer kleineren Kompanie ist man plötzlich wichtig.«

Im Verlauf ihrer Bühnenkarriere kann Buckley beobachten, wie sich gewisse Dinge in den großen Ballettkompanien verändern. So hat sich etwa das Corps de Ballet stark verjüngt; Jugend, hohe Beine und ein schöner Körper scheinen nun in stärkerem Maß ausschlaggebende Kriterien für ein Engagement zu sein. Für Buckley hat sich damit eine Kluft zwischen Gruppe und Solisten, dem ›Dekor‹ und den Rollen aufgetan. Früher bestand durch die Altersdurchmischung im Corps eine Hierarchie, welche die Gruppe zusammenhielt: Die Jüngeren konnten sich von den Älteren etwas abschauen, wurden von ihnen korrigiert und häufig auch getröstet. Das ist nun nicht mehr möglich; dafür ist der Tanz noch sportlicher, athletischer und virtuoser geworden. Außerdem bringen die Berufsanfänger mittlerweile andere Erwartungen mit: Sie möchten schneller etwas erreichen – durchaus verständlich, wenn umgekehrt von ihnen verlangt wird, dass sie als fertige Tänzer an die Bühnen kommen und ihnen auch als Eleven keine Zeit mehr eingeräumt wird, ihre Ausbildung durch Extratraining und allmähliches Sammeln von Bühnenerfahrung zu vervollständigen. Dadurch sei, so Buckleys Eindruck, der Respekt den Älteren gegenüber etwas verloren gegangen. Die Neuen werden in der Regel rascher mit Solopartien betraut, allerdings hoffen sie oft vergeblich auf eine Beförderung, da keine Zeit bleibt, jemanden wirklich aufzubauen. Auch das Rollenstudium findet weniger Raum: »Die Direktoren sehen irgendwo Talent, und auf die Bühne, fertig, los, die wird das schon irgendwann kapieren.«

Der Abschied von der Bühne beginnt für Maria-Helena Buckley schleichend, eine lange Phase des Abbaus. »Plötzlich bekam ich nicht mehr so viele und gute Rollen, obwohl sich bei mir leistungsmäßig nichts verändert hatte. Ich hatte immer geglaubt, dass es reicht, sein Bestes zu geben, gut zu sein. Man muss aber auch politisch korrekt sein, das heißt, viel Zeit vor der Ballettdirektion verbringen und immer wieder nachfragen.« Buckley muss damit zurechtkommen, dass andere ihre Rollen übernehmen, dass sie mit ihren 33 Jahren plötzlich als alt abgestempelt wird, obwohl sie das Gefühl hat, künstlerisch erst richtig in Fahrt zu kommen. »Vorher war alles so anstrengend. Jetzt weiß ich, warum ich das mache, und jetzt darf ich nicht mehr.« Da man nach 15 Jahren Festengagement am selben Haus unkündbar wird und bis zur Rente in einer anderen Position weiterbeschäftigt werden muss, bekommen die meisten Tänzer kurz vorher ihr Kündigungsschreiben – so auch Buckley. Doch darf das laut Gesetz niemals der offizielle Grund der Kündigung sein. »Sie dürfen nicht sagen, warum jemand wirklich gehen muss, also erfinden sie ihre Gründe. Das ganze Negative, das nagt am Selbstbewusstsein. Man zweifelt viel an sich, man muss trotzdem den Mut haben, auf die Bühne zu gehen, aber man wird immer unsicherer.«

Für Buckley ist es eine riesige Enttäuschung zu erleben, wie respektlos die Ballettdirektion sie behandelt. »Du gibst alles, deine Seele, und dann wird dir einfach in einem Brief gesagt: Tschüss, alles Gute für Ihre Zukunft. Kein Gespräch mit dem Intendanten. Man ist nicht darauf vorbereitet, dass man ohne Probleme ersetzbar ist. Es zählt überhaupt nicht, was du geleistet hast. Das ist sehr, sehr schwer.«

Es dauert eine Weile, bis der Schmerz nachlässt. »Man muss sehr aufpassen, dass man nicht verbittert wird. Ich bin froh, dass ich den Leuten von der Direktion mittlerweile wieder normal begegnen kann. Aber das hat eine Zeit gedauert.«

Als Tänzerin sieht Buckley für sich keine Alternativen. Sie will keine halben Sachen machen und hört von einem Tag auf den anderen mit dem Tanzen komplett auf – was dazu führt, dass sich alle alten Verletzungen bemerkbar machen und sie unter starken Schmerzen leidet. Zum Glück hat sie noch während ihrer aktiven Tanzzeit die Kamera entdeckt, die ihr, wie sie im Rückblick sagt, vielleicht das Leben gerettet hat. Heute, zwei Jahre nach Ende ihrer Bühnenkarriere, ist Maria-Helena Buckley in einem neuen Beruf angekommen, in dem sie ihrer großen Leidenschaft Ballett weiterhin treu bleiben kann: als selbstständige Tanzfotografin.

»Die Traumwelt, in der ich damals gelebt habe, hat sich verändert, aber es war ein Traum, ein guter Traum von mir, der zwischendurch auch Alpträume beinhaltete. Das Aufwachen war sehr schmerzhaft, aber es hat mir auch etwas Neues gegeben. Jetzt wo ich draußen bin, kann ich sagen, dass man in dieser Traumwelt auch sehr geschützt ist – trotz aller Probleme und Dramen. Allein in der freien Szene mit drei Berufen, das ist schon eine ganz andere Geschichte.«

»Mich hat die Radikalität gereizt« – Alexandra Marschner

Zuerst ist es der Gruppendruck im Kindergarten, der dafür sorgt, dass die vierjährige Alexandra Marschner »auch so ein Tutu« will. Nach einem Jahr Kinderballett hat sie fürs Erste genug. Das nächste Mal ist es ihre Freundin, die sie mit acht zu einem Ballettkurs beim

Turnerbund mitnimmt. Hier fängt Marschner Feuer. Zwischen acht und dreizehn trainiert sie bereits zweimal die Woche. Der Tanzsaal wird ihre Welt, ihr zweites Zuhause.

»Spätestens mit zwölf habe ich aus dem Ballett-Unterricht-Besuchen etwas gemacht, was mit Meditation zu tun hat. Ich wusste damals den Namen nicht, aber dieses ganze Rituelle. Man hatte die und die Stulpen, und man musste das und das Körbchen bereithalten. Allein die Fahrt dahin. Und diese Musik. Die habe ich mir sogar zum Einschlafen angehört. Das hat mich beruhigt, das habe ich einfach gerne gehört. Es hat eine große Rolle gespielt, dass das Tanzen feste Strukturen geschaffen hat. Beim Ballett gab es auch Stress, aber guten.«

Marschner lebt ihren Bewegungsdrang aus, ist ehrgeizig, erweist sich als begabt und bringt es so weit, dass sie mit 13 Jahren mit dem Spitzentanz beginnen darf. Sie liebt die Momente, in denen sie ihren Körper vollkommen beherrscht, in denen sie an ihre Grenzen gehen und über sich hinauswachsen kann. Rückblickend und um einige Erfahrungen in anderen Bewegungskünsten reicher, ist sie sich sicher: »Es war auch die Radikalität, die ich brauchte. Also Kampfsport oder Ballett. Bei etwas anderem schlafe ich ja ein.«

Im folgenden Jahr kugelt sie sich im Training zweimal das Knie aus. Nach dem zweiten Mal geht sie zum Orthopäden, der feststellt, dass die Ränder der Gelenkpfanne zu flach sind. Ihre Mutter bekommt zu hören: Wenn das meine Tochter wäre, würde ich sie nicht mehr ins Ballett lassen. Marschners Mutter überlässt ihrem Kind die Entscheidung: »Du sollst das machen, was du möchtest.«

Alexandra Marschners Vertrauen in ihre Fähigkeiten ist erschüttert. Ihr ist klar, dass der Knieunfall jederzeit wieder passieren und es so mit dem ernsthaften Tanzen nichts werden kann. Vonseiten ihrer Ballettlehrer bekommt sie keine Hilfe angeboten. Sie will dem Schicksal ein Schnippchen schlagen und wechselt mit 14 an eine private Ballettschule, die ihr professioneller erscheint, weil sie streng dem Lehrplan der Royal Academy of Dance folgt. ›Wenn ich wechsle‹, so versucht sie sich zu beruhigen, ›passiert das mit dem Knie nicht mehr.‹

Aber die Schule wird für sie zur großen Enttäuschung: Zwar kann sie sich die Grundlagen noch einmal ganz von vorne erarbeiten, doch variieren die Übungen an der Stange bis zur nächsten Prüfung nie, und sie kommt kaum zum Tanzen. Nach einem Jahr ist ihr die Lust am Ballett vergangen. Sie hört vorerst komplett auf.

Stattdessen beginnt sie zu schwimmen und geht ins Fitnessstudio. Dort steht eines Tages plötzlich »diese traumhafte Tänzerin« vor ihr, in die sie sich »auf einen Schlag verliebt«. Und die gibt nebenan Ballettkurse. Ein Jahr nachdem sie mit dem Tanzen aufgehört hat, ist Marschner wieder dabei, besucht die Kurse der Tänzerin und nimmt zusätzlich Stunden in einer zweiten Ballettschule, sodass sie fünfmal die Woche zwischen einer und drei Stunden trainieren kann. Zusammen mit ihrer Lehrerin gründet sie außerdem eine Barocktanzgruppe, mit der sie am Wochenende viele Auftritte absolviert. »Zwischen 16 und 19 war meine Lehrerin meine Welt. Ballett war immer so persönlich, dass ich das kaum von mir oder von ihr trennen konnte.«

In dieser Zeit formt sich ihr Berufswunsch: »Der Moment, als mir sonnenklar aufging, dass das Tanzen mein Beruf sein muss, war mit 16 beim Schlafengehen, ganz am Anfang der wirklich intensiven Phase des wirklich guten Trainings. Ich lag wach und wusste plötzlich: ›Ich will das machen, immer.‹ Mir war damals schon klar, in dieser ersten Nacht, dass es zu spät war. Es war wie ein Kometeneinschlag: Jetzt! – und doch auch wieder nicht. Du musst eigentlich mit 16 schon im Corps de Ballet sein oder Tanz Vollzeit an einer staatlichen Akademie studieren, und wenn irgendwelche körperlichen Geschichten vorliegen oder du zu dick bist – vergiss es. Ich hatte trotzdem noch die geheimen Hoffnungen, und damit kann man sich wunderbar belügen. Also habe ich mich voll reingegeben, habe nur noch dafür gelebt. Und wusste gleichzeitig, dass es nicht reicht, um daraus einen Beruf zu machen.«

Drei Jahre lang tanzt sie in diesem Zwiespalt, dann, mit 19, beschließt sie, endgültig aufzuhören, weil ihr die Situation zu klaustrophobisch wird. »Ich wollte keinen halbgaren Traum mehr, ich wollte kein Gespenst sein. Ich war damals sehr unglücklich, weil ich nicht wie andere auf einen Traum zusteuern und den verwirklichen konnte.« Doch nicht nur ihr Alter und ihr körperliches Handicap lassen sie zweifeln, ob Tänzerin der richtige Beruf für sie ist. »Mein Bewegungsdrang war immer entweder sehr echt oder nicht da. Er war stark abhängig von meiner momentanen gefühlsmäßigen Verfassung. Deswegen habe ich das Tanzen auch so sehr mit mir identifiziert. Bewegung hat für mich immer etwas mit Lebendigkeit und Lebenslust zu tun. Der Drang, mich zu bewegen, überwältigt mich, es ist wie Elektrizität: Es schießt in alle Glieder, in den Kopf, die Haut brennt, die Muskeln brennen, ich muss sie bewegen, muss, muss, muss ... Es macht wahnsinnig viel Spaß. Aber es war auch ein Problem. Du musst, wenn du es beruflich machen willst, ja irgendwann Gewalt darüber gewinnen, es steuern können. Und das konnte ich nie, bis heute nicht. Und ich will es auch nicht.«

Bevor Marschner ihren endgültigen Entschluss fasst, bewirbt sie sich noch an den staatlichen Tanzhochschulen, allerdings nur an solchen mit modernem bzw. zeitgenössischem Profil. Für eine Karriere als klassische Tänzerin, so sagt sie sich, sei sie nicht gut genug. Ihre Bewerbungen sind daher von Anfang an nur ein halbherziger Kompromiss. Irgendwie weiß sie das auch, denn sie geht nie zu den Aufnahmeprüfungen. »Es war immer nur Ballett für mich. Ich habe ja auch Modern Dance gemacht und historischen Tanz, aber das hat mich nicht so vom Hocker gerissen. Es war zu einfach. Ballett ist so hart. Wenn du in die Extreme gehen kannst ...« Damit fallen tänzerische Alternativen weg.

Rückblickend kann sie weitere Gründe dafür benennen, warum sie nicht Tänzerin geworden ist: »Ich war zu selbstkritisch. Ich habe mir meine eigenen Fehler nicht erlaubt. Also nicht humorvoll genug. Ich wollte nicht in erster Linie tanzen, sondern lieber alles richtig machen. Und die Gewichtung muss klar sein. Man muss aufhören, alles richtig machen zu wollen. Man muss das Tanzen an sich lieben, koste es, was es wolle, und ob man sich lächerlich macht oder was auch immer – man will tanzen. Für mich bestand der sportliche Aspekt des Tanzens darin, die verschiedenen Schwierigkeiten optimal zu meistern. Wahrscheinlich war ich eher eine ziemlich gute Leichtathletin. Mich hat die Technik interessiert und die perfekte Ausführung, aber nicht unbedingt ... Ich wollte nicht unbedingt auf der Bühne stehen. Ich bin keine Frontfrau, eigentlich bin ich sehr schüchtern. Und ich glaube, man muss eine echte Rampensau sein.«

Nach dem Abitur schlägt Alexandra Marschner einen Weg ein, auf dem sie sich mit einer weiteren, bislang vernachlässigten Leidenschaft befassen kann: der intellektuellen Auseinandersetzung, dem Lesen, Forschen, der Literatur. Sie studiert Philosophie, Germanistik und Theaterwissenschaft und erhält in allen Fächern Bestnoten. Ihre Abschlussarbeit behandelt ein tanzwissenschaftliches Thema – da schließt sich der Kreis. Mittlerweile hat sie ihre eigene Kulturagentur gegründet, die Sprachunterricht in Kombination mit kulturellen Aktivitäten und Stadtführungen anbietet.

Warum hat sie sich mit 19 entschieden, ganz mit dem Tanzen aufzuhören und es nicht zumindest als Hobby weiterzumachen? »Weil es mir zu weh getan hat. Das war das Gleiche, wie sich von jemandem zu trennen. Dann kann man auch nicht befreundet sein. Es war eine Liebe. Und es hat mir wirklich, wirklich weh getan, dass ich das nicht beruflich machen konnte.«

»Eine ästhetische Lücke füllen« – Adrian Navarro

Adrian Navarro hat es geschafft, seinen Komplex zu überwinden, dass man ihm den klassischen Tänzer zu stark ansieht. »Die Lehrer in den zeitgenössischen Trainings haben mich zum Glück immer alle beruhigt. Einer hat gesagt: ›There's something before technique.‹ Das fand ich super.« Heute ist Navarro in der freien zeitgenössischen Szene unterwegs, tanzt, singt, choreographiert, performt. »Dabei habe ich mich bis vor Kurzem schon sehr als klassischer Tänzer gesehen und mich, als ich jung war, auch nicht besonders für die anderen Formen interessiert.« Dass er sich in verschiedenen Welten bewegt, zwischen Tanzstilen, Ländern und Jobs pendelt, prägt seine gesamte bisherige Karriere.

Die beginnt sehr klassisch. Als Navarro mit fünf Jahren seine ältere Schwester auf Fotos einer Schulaufführung den Prinzen tanzen sieht, beschließt er, ebenfalls mit Ballett anzufangen: »Damit meine Schwester nie mehr Jungs-Rollen tanzen muss!« Mit neun wechselt er an eine private Schule, die ihn auf die Aufnahmeprüfung an einer renommierten staatlichen Ballettausbildungsstätte vorbereitet. Mit zehn nimmt er an der Prüfung teil und wird dort aufgenommen, bleibt aber nur ein Jahr lang. »Das war ein Sadistenclub, das Zwischenmenschliche hat mich fertig gemacht. Ich hatte aber auch eine schlechte Lehrerin, die mittlerweile nicht mehr an der Schule ist. Von der haben wir noch Sprüche abbekommen wie ›Du bist ein einziger Krampf!‹ oder ›Deine Wurstfinger sind gerade gut genug zum Kartoffelschälen‹.« Als er auch noch von seinen Mitschülern gemobbt wird, nehmen ihn die Eltern von der Schule.

Navarro will trotzdem weitertanzen und kehrt an seine vorige Ballettschule zurück. Dort gibt es Förderklassen, in denen er dreimal pro Woche Ballett trainieren kann. »Die Leiterin dort hat wirklich auf Talent geachtet, nicht nur auf Geld. Und meine Lehrerin konnte mir auch künstlerischen Input geben, weil sie selber lange auf der Bühne gestanden hatte.« Ergänzenden Unterricht stellt er sich selbst zusammen, nimmt an anderen Schulen Jazz-, Modern- und Ballettstunden und besucht Workshops. Außerdem genießt er es, dem Tanzen immer mal wieder entfliehen zu können, ist in den AGs seines Gymnasiums aktiv, nimmt Cello-Unterricht, singt und spielt Volleyball und Tennis im Verein.

Mit 17 Jahren wird er auf einem Workshop von der Leiterin einer staatlichen Tanzhochschule angesprochen und gefragt, ob er sich nicht um einen ihrer Studienplätze bewerben möchte. Da er auf jeden Fall parallel sein Abitur machen will, einigen sie sich darauf, dass er zunächst zwei Jahre lang an den nachmittäglichen Vorausbildungsklassen teilnimmt und dann im Anschluss, nach bestandener Prüfung, direkt ins zweite Studienjahr wechseln kann. Dass er an der Hochschule zwar eine solide klassische Ausbildung und Bühnenpraxis erhält, dafür aber mit modernen und vor allem zeitgenössischen Techniken, mit Körperwahrnehmungstechniken und Improvisation kaum in Kontakt kommt, stellt für ihn zu diesem Zeitpunkt noch kein Problem da.

In den zwei Jahren gegen Ende und nach seiner Ausbildung nimmt er an jeweils zehn Auditions an Stadttheatern teil – eine normale Anzahl, wie er schätzt. »In der ersten Audition-Runde hat man zwar eine Ahnung, weiß aber noch gar nicht, was stilistisch zu einem passt, man kennt ja die ganze Szene noch nicht. Da fährt man natürlich schon ein bisschen wahllos an alle möglichen Orte. Und das ist auch gut so, denn man muss erst mal eine Audition-Praxis entwickeln.«

Navarros erster Vertrag, den er im Jahr nach Studienende erhält, führt ihn als Praktikant an das Opernhaus einer größeren deutschen Stadt. Nach einem Jahr wechselt er zu einem schwedischen Ballettensemble, nach einem weiteren zurück nach Deutschland zur Kompanie eines Staatstheaters, wo er drei Jahre lang bleibt – überall als Gruppentänzer, zum Teil mit Soloverpflichtung. Zu diesem Zeitpunkt ist ihm klar, dass er entweder mehr zum Tanzen kommen oder aber an ein größeres Haus mit entsprechend breiterem Repertoire gehen will. Es wird Letzteres: ein dreijähriges Engagement als Gruppentänzer bei einer großen Ballettkompanie in Schweden.

In dem Ensemble mit seinen 73 Tänzerinnen und Tänzern bestätigt sich für Adrian Navarro eine Erfahrung, die er bereits bei seinen vorigen Jobs gemacht hat: Je klassischer die Kompanie, desto mehr muss man in erster Linie funktionieren. Der einzelne Tänzer ist ein Rad in der riesigen Maschinerie, eingebettet in faire Verträge und Gehälter, muss dafür aber eine große Anzahl an Vorstellungen ableisten und ständig auf Abruf bereit sein, bei Ausfällen kurzfristig einzuspringen; jederzeit werden Höchstleistungen erwartet. Im Gegenzug bekommt er Gelegenheit, Stücke der choreographischen Crème de la Crème zu tanzen und sie zum Teil mit den Choreographen persönlich einzustudieren – von Ashton, MacMillan und Cullberg hin zu Zeitgenossen wie Ek, Duato, Maillot, Spuck und Rushton.

Die Kompanie funktioniert als eigener Kosmos, der viele Möglichkeiten bietet, aber auch eng werden kann. »In großen klassischen Kompanien hat man jeden Tag mit den gleichen Leuten zu tun, bei jedem Training, und wenn man Pech hat, auch immer mit dem gleichen Ballettmeister – da stauen sich dann Sachen an. Es kann aber auch passieren, dass man einzelne Kollegen lange nicht sieht, weil das Training parallel in vier Sälen stattfindet und sie woanders trainieren und nicht in den gleichen Stücken besetzt sind.«

Die langen, intensiven Arbeitszeiten auch abends und am Wochenende lassen kaum Kraft und Zeit für ein Privatleben oder Aktivitäten außerhalb der Kompanie. »Man muss wirklich alles aus den Festengagements ziehen, man hat keine Energie mehr, sich noch kreativen Input von anderswo her zu holen.« Navarro nutzt die kompanieinternen Gelegenheiten zum Choreographieren, ein Learning-by-doing-Prozess. Er entwirft ein Stück für sieben Tänzer für einen Ballettabend von Nachwuchschoreographen, im Jahr darauf ein Quintett, dann ein Duett. Die Managerin der Marketingabteilung, mit der er sich gut versteht, vermittelt ihm daraufhin verschiedene Choreographie-Jobs für Modeschauen, was ihm nicht nur zusätzliches Geld, sondern auch Kontakte in die Szene außerhalb der Oper bringt.

Ein Schlüsselerlebnis als Tänzer ist die Zusammenarbeit mit dem Choreographen Mats Ek, der in Navarros letzter Spielzeit ein kurzes Solo für ihn kreiert. Er ist der einzige Gruppentänzer in der Erstbesetzung. Durch diese Arbeit merkt er, dass noch viel mehr Potenzial in ihm steckt, als er in seinem momentanen Engagement ausschöpfen kann. Bei den Proben mit Ek wird ihm aber auch wieder deutlich bewusst, wie sehr seine Energie durch Konkurrenzkämpfe und Intrigen innerhalb der Kompanie vom Tanzen selbst abgezogen wird. »Ich hatte das Gefühl, ständig mit ausgefahrenen Ellenbogen tanzen zu müssen. Als Mats Ek mit mir probte, standen mir plötzlich einige Kollegen in dem riesigen Saal ständig im Weg. Ich dachte mir: ›Hey, ihr sollt das mitlernen, aber mich nicht blockieren! Ich möchte einfach nur meine Arbeit machen, nichts anderes!‹«

Adrian Navarros Entschluss, nach drei Jahren aus Schweden wegzugehen, hat eine Reihe von Gründen. »Bei den Verhandlungen über meinen Folgevertrag wurde aus dem Festvertrag, der vorher im Gespräch war, plötzlich noch mal ein Jahresvertrag. Daraus konnte ich schließen, dass mein Chef mich rollenmäßig nicht pushen wollte. Er brauchte mich als Arbeitskraft, um einen Platz im Corps zu füllen, und dann würde ich vielleicht einmal im Jahr etwas Interessantes zu tanzen bekommen. Außerdem hatte ich schon berufsbegleitend Kulturmanagement studiert, an einer Fernuniversität in Deutschland, und mir fehlte nur noch die Diplomarbeit. Es war klar, dass es wesentlich einfacher wäre, die in Deutschland zu schreiben, wegen der Sprache und dem Thema. Und dazu kam noch, dass ich Schmerzen hatte.«

Berlin erscheint dem nun 29-jährigen Navarro als geeignetster Ort für zukünftigen kreativen Input; hier arbeitet er zunächst für einen Hungerlohn bei einer Veranstaltungsagentur und schreibt seine Diplomarbeit über Institutionen der freien Tanzszene fertig. Bald merkt er, dass es wohl am einfachsten wäre, nebenbei als Tänzer oder Tanzlehrer Geld zu verdienen. »Ich hatte seit Schweden nur noch Yoga gemacht, als eine Art von Abtrainieren, ganz bewusst kein Tanztraining. Und habe gemerkt, dass mir das Tanzen fehlt.« Also fängt er wieder an, zuerst mit viel zeitgenössischem Training und Improvisation, dann auch mit klassischem Ballett. »Es war unsäglich schwer, wieder in Form zu kommen.« Eine gute Freundin hilft ihm, in ein kollektiv organisiertes Profitraining an einem Berliner Opernhaus einzusteigen, das die Teilnehmer abwechselnd anleiten.

Noch während seiner Diplomarbeit beginnt er, selber Balletttraining zu geben, und merkt, wie viel Spaß ihm das macht. Mit dem Unterrichten verdient Navarro jetzt, gegen Ende seines zweiten Berliner Jahres, einen guten Teil seines Lebensunterhaltes. Dazu kommen Jobs als Filmkomparse, bei Agenturen und auf Messen – und eine steigende Anzahl von Engagements als Tänzer. Neben unbezahlten Projekten, bei denen er aus purem Interesse mitmacht oder um Kontakte zu knüpfen, mehren sich auch die bezahlten Produktionen. So reist er etwa immer wieder ins Ausland, um in professionellen Barockaufführungen mitzuwirken.

Adrian Navarro sieht sich als klassisch ausgebildeter Tänzer, der verschiedene Stile tanzen kann, egal ob klassisch oder zeitgenössisch. Auch, wenn er selber mittlerweile grenzüberschreitend tätig ist, hat er den Eindruck, dass die Kluft zwischen den Tanzbereichen nach wie vor besteht und sich die Vorurteile auf beiden Seiten verfestigt haben. Das zeigt sich zum Beispiel dann, wenn er aufgrund seines ›klassischen‹ Lebenslaufes gar nicht erst zu Auditions für zeitgenössische Produktionen eingeladen wird.

Zurück ans Stadttheater zu gehen ist für ihn vorläufig keine Option. Zwar könnte er dort wahrscheinlich noch vier bis fünf Jahre tanzen, doch müsste er nach seinen Verletzungen erst eine volle Rehabilitation angehen, bevor er die körperliche Belastung wieder stemmen könnte. »Am Stadttheater wird man verheizt, man muss sein Soll erfüllen. In der freien Szene kann man es selber etwas besser steuern, wie viel und auch was man tanzen möchte.« Außerdem ist er momentan froh, in anderen Strukturen arbeiten zu können als denen der großen Kompanien: »Es ist für mich angenehm zu sehen, dass ich in freien Projekten viel besser funktioniere und plötzlich viel besser tanze, weil ich einfach weiß, dass das jetzt auf sechs bis acht Wochen begrenzt ist. Man arrangiert sich miteinander, man kann meistens eine ganz gute Stimmung im Rahmen eines Projekts aufbauen und eine gemeinsame Ebene finden. Das ist dann alles sehr angenehm, aber danach reicht es auch wieder.«

Eines seiner aktuellen Projekte ist eine Band mit Tanz-Act, die er mit befreundeten Musikern und Tänzern ins Leben gerufen hat. Ihr »Intellektuellen-Pop«, der dazu arrangierte Tanz und die Inszenierung bieten bewusst eine Alternative zum klassischen Background-Showact im Hip-Hop-Style – ein eigenes Genre. Navarro tanzt und choreographiert hier nicht nur, er singt auch, macht Musik, arbeitet insgesamt performativer. Eine Herzensangelegenheit, in die viel unbezahlte Arbeit geflossen ist, bevor die Gruppe nun in alternativen Clubs, auf Feiern oder Festivals auftritt.

Für seine Zukunft träumt Navarro von einer eigenen Kompanie, mit der er eine ästhetische Lücke füllen möchte, indem er sein Wissen über den klassischen Tanz einbringt, sich aber gleichzeitig neuen Entwicklungen öffnet. Sein Studium könnte ihm dabei helfen, dass sich auch die innovativen Organisations- und Finanzierungsformen einer solchen Truppe realisieren lassen.

»Die ganze Zeit in Bewegung sein« – Julek Kreutzer

»Ich habe immer Fernweh.« Fernweh nach anderen Orten, Leuten und Ausdrucksmöglichkeiten. Julek Kreutzer ist auf der Suche und möchte es auch bleiben. Ihr Tanzen hat ihr das bisher ermöglicht – Grund genug, es nun zur Profession zu machen.

Es ist ihre erste Tanzlehrerin, die Kreutzer auf diese Spur setzt und mit der sie bis heute in regelmäßigen Abständen durch die Welt tourt. Das vierjährige Mädchen, das unter Asthma leidet und sich so viel wie möglich bewegen soll, wird von seiner Mutter im Kindertanzkurs einer nahe gelegenen Schule für darstellende Künste angemeldet, in dem viel mit Bewegung gespielt und improvisiert wird. Die Kleine ist begeistert. Während zunächst noch das phantasiegeleitete Tanzen überwiegt, kommen über die Jahre auch technische Elemente aus dem Modern Dance und Ballett hinzu. Die Lehrerin lässt ihre Schüler häufig mit Partnern und in der Gruppe arbeiten. Ihre Klassen bieten einen offenen Raum: Kreutzer hat das Gefühl, jederzeit alles ausprobieren zu können, was ihr in den Sinn kommt.

Mit 13 Jahren begleitet sie ihre Lehrerin zu einem Tanzprojekt nach Toulouse. Es wird ein prägendes Erlebnis. »Alle anderen Teilnehmer waren Profis und viel älter als ich. Trotzdem haben sie mich als vollwertig behandelt: Ich stand auf der gleichen Stufe wie sie und tanzte mit ihnen auf einer Bühne. Das war eigentlich meine erste professionelle Arbeit.«

Nach dem Toulouse-Projekt wird der Tanz für Kreutzer immer wichtiger: Während sie vorher nur einmal in der Woche trainiert hat, nimmt sie jetzt öfter Unterricht. Ihre Lehrerin legt ihren Eltern nahe, das Mädchen auf eine staatliche Ballettschule zu schicken, da sie eine umfassende tanztechnische Vorausbildung für Jugendliche nur dort gewährleistet sieht. Die Eltern lehnen aber ab, und auch Kreutzer ist nicht überzeugt. Ballett findet sie einfach langweilig. So kommt es, dass sie bis heute nie länger am Stück intensiv Ballett trainiert hat, auch wenn man ihr dies immer wieder empfohlen hat, um eine handwerkliche Grundlage für ihren eigenen Tanz zu schaffen. »Ich weiß, das war dumm, denn man muss auch Dinge machen, die man nicht mag, um irgendwo hinzukommen. Aber ich habe mich immer dagegen gewehrt.«

Sie belegt lieber Kurse in modernem und zeitgenössischem Tanz bei Lehrern, die sie mag und die sie inspirieren und fördern. Ihr Hauptinteresse ist und bleibt die Improvisation. Weitere Tanztheaterprojekte mit ihrer ersten Lehrerin folgen, im Inland wie im Ausland. Nachdem sie in Kopenhagen mit Breakdancern zusammengearbeitet hat, nimmt sie zu Hause zusätzlich eine Zeit lang Hip-Hop-Unterricht.

Dann hat sie ihr Abitur in der Tasche und ihren Berufswunsch geformt: Tänzerin. Sie nimmt sich zunächst ein Jahr frei, um möglichst viel zu trainieren, und jobbt nachts in einer Bar, um ihren Lebensunterhalt zu verdienen. Als Praktikantin begleitet sie ihre Lehrerin bei einem Projekt nach Afrika. Außerdem bewirbt sie sich an allen renommierten Tanz(hoch)schulen mit modernem und zeitgenössischem Schwerpunkt für ein Studium, sowohl in Deutschland als auch in Österreich, England, Belgien und den Niederlanden. Letztlich bietet ihr nur eine private Schule in Berlin einen Platz an. Kreutzer führt das unter anderem auf ihr technisches Niveau zurück: Da die meisten Aufnahmeprüfungen mit einem klassischen Ballett-training beginnen und häufig erst ganz am Ende – wenn überhaupt – improvisiert bzw. ein Solo gezeigt werden darf, ist sie in der Regel schnell aus dem Rennen.

Julek Kreutzer fängt ihr Studium an der privaten Schule an, bricht es aber nach einem halben Jahr ab. Sie ist mit der Qualität des Unterrichts unzufrieden und hat das Gefühl, nicht das zu lernen, was sie braucht. Außerdem stimmt die Chemie zwischen ihr und der Hauptdozentin nicht. Sie beginnt sich zu fragen, ob sie nicht auch ohne Studium in freien Projekten tanzen und nebenbei in selbst zusammengestellten Kursen weitertrainieren kann. »Ich dachte mir: Du hast so viele Bewerbungen für Schulen geschrieben, schreib doch einfach mal Bewerbungen für Auditions, als professionelle Tänzerin. Mach es doch einfach. Und ich habe ein paar Bewerbungen rausgeschickt, wurde aber nie zu den Auditions eingeladen. Es kam immer wieder die Antwort: ›Sorry, du hast keinen Abschluss‹, nach dem Motto: Du bist kein Profi.« Daraufhin beschließt sie, eine zweite Aufnahmerunde an den Schulen zu drehen, um erst einmal einen Abschluss zu machen und sich damit bewerben zu können.

Bei der zweiten Prüfungstour fühlt Kreutzer sich schon sicherer, da sie die Situation und die Anforderungen besser einschätzen kann. Sie bewirbt sich bei den vier Schulen, an denen sie sich im Vorjahr am wohlsten gefühlt hat, und dazu bei zweien, die sie noch nicht kennt. Die sind zuerst dran: »Bei der einen standen wir zu Hundert im Saal, haben unsere Nummern verteilt bekommen und wurden einfach so abgefertigt: Nein, nein, nein, nein. Was die als Improvisation rausgegeben haben, war zum Teil lächerlich. Nach vorne laufen, auf acht Zeiten völlig frei improvisieren, wieder abgehen. Was kannst du denn da zeigen außer Bein-hinters-Ohr? Die Mädchen sind alle laufstegmäßig nach vorne gewackelt ... das war nicht meine Vorstellung von Tanz. Ich kam mir ziemlich verloren vor.« Auch die zweite Schule ist nicht ihr Ding: zu technisch – sie fliegt sofort raus.

Bei den Schulen, die Kreutzer schon kennt, läuft es besser als im Vorjahr. An der, die sie schließlich aufnimmt, passen die Prüfung und die Leute am besten zu ihr. »Ich hab mich einfach so wohl gefühlt. Es waren auch ganz andere Umstände als bei den beiden Schulen vorher: Du hast zum Beispiel keine Nummer bekommen.« Es wird sehr viel in der Gruppe gearbeitet, viel improvisiert, und schließlich darf jeder ein dreiminütiges, vorbereitetes Solo zeigen. »Mein Vorteil war, dass ich mir bei meinem Solo total sicher war. Ich hatte es während unseres Afrika-Projektes entwickelt und dort schon auf der Bühne gezeigt. Das hatte einen Hintergrund, das machte Sinn.«

Auch wenn sie sich an dieser Schule, an der sie demnächst ihr Studium beginnt, voraussichtlich wohlfühlen wird und ihren Interessen nachgehen kann, überfallen sie hin und wieder Zweifel, ob es die richtige Wahl ist, weil der Schwerpunkt hier, im Gegensatz zu anderen Schulen, nicht auf den klassischen Tanztechniken liegt. »Vielleicht verbaue ich mir damit den Weg in bestimmte Kompanien und an bestimmte Theater. Aber andererseits: Das hat mir Spaß gemacht, das ist die Schule, die mich genommen hat. Mal sehen, was daraus wird. Ich werde mir aus der Schule das rausnehmen, was ich brauche.

Und wenn mir das noch nicht reicht, suche ich mir außerhalb zusätzliche Trainingsmöglichkeiten.«

Ob sie später mit reinem Tanz arbeiten oder eher in den Performance-Bereich gehen wird, weiß sie jetzt noch nicht. Zunächst möchte sie mit verschiedenen Bewegungsstilen und Medien experimentieren. Dabei geht es ihr nicht darum, bestimmten Formen, Körperbildern und ästhetischen Idealen gerecht zu werden, sondern um das Spiel mit ihnen. Die Schule, die sie jetzt besuchen wird, unterstützt ihr Tanzverständnis: »Ich bin nicht daran interessiert, einfach nur zu tanzen, sondern ich glaube, dass es *die* Kunstart ist, in der du alles verbinden kannst. Ich habe auch viel mit Literatur gemacht, habe versucht, Text und Tanz zusammenzubringen; das finde ich zum Beispiel spannend.« Zwar will sie erst einmal primär als Tänzerin auf der Bühne stehen, doch trennt sie das Tanzen nicht vom Choreographieren, davon, eigene Ideen zu realisieren.

Kreutzer blickt auf zwei ziemlich stressige Jahre zurück: »Immer nur bewerben, immer ein Praktikum finden, um einen Status zu haben, viel Projektarbeit mit meiner alten Lehrerin, auch viel Arbeit mit Jugendlichen, außerdem die ganzen Nebenjobs. Ich hatte nicht das Gefühl, voranzukommen. Das hat unglaublich viel Kraft gefressen, alles war total unsicher. Jetzt habe ich endlich das Gefühl, dass es vorangeht.«

Ihre Nebenjobs wird sie vorerst weitermachen, und die sind ihren Tanzambitionen nicht nur finanziell förderlich: Wenn sie etwa abends bei Tanzveranstaltungen an der Bar steht, trifft sie häufig Leute aus der Szene. Viele Jobs werden ihr von Bekannten vermittelt – Networking. Auch die Profi-Laien-Projekte möchte sie, soweit es das Studium erlaubt, gerne nebenbei weiterverfolgen: Sie findet, dass beide Gruppen viel von den Ideen und Bewegungen der anderen profitieren können. Und sie mag es, aus der Blackbox des Theaters herauszukommen und in der realen Welt zu proben und zu spielen.

Ihre Vision für die Zukunft: »Ich möchte viele ganz unterschiedliche Leute treffen und mich mit ihnen austauschen, viel arbeiten, immer wieder neue Sachen entdecken und vor allem weit weg, raus aus der Stadt. Das ist auch einer der Gründe, warum ich mich für diesen

Beruf entschieden habe: Du kannst das machen, was dir Spaß macht, kannst aber gleichzeitig ständig unterwegs sein. Ich will einfach die ganze Zeit in Bewegung sein und das Gefühl haben, voranzukommen. On the road. Weltweit.«

»Unbedingt selbstkritisch bleiben« – Ramon A. John

Erst jetzt, während seines ersten Engagements bei einer mittelgroßen, zeitgenössischen Stadttheater-Kompanie, bekommt Ramon A. John eine konkrete Idee von der Richtung, in die er gehen möchte. »Momentan, da ich jeden Tag trainiere und probe, finde ich langsam heraus, was mich wirklich interessiert. Ich glaube, man braucht dafür genau das: einen Job oder ein Praktikum, in dem man diesen Alltag austesten kann. Dann sieht man andere Choreographen, Stücke, Arten zu arbeiten, das Kompanie-Leben und merkt, ob das passt oder nicht.« Dann muss er vorher wohl instinktiv den richtigen Weg gegangen sein. Und ihm ist klar, dass der hier nicht endet und er weiterhin offen und beweglich bleiben muss, um beruflich zu überleben.

Mit dem Tanzen fängt John in der örtlichen Schautanzgruppe an, zu der ihn seine Mutter mit acht Jahren mitnimmt. Er fährt zu Turnieren, geht mit auf Titeljagd. Schnell möchte er auch aus eigenem Antrieb weitermachen. Mit der Gruppe vertanzt er Filme, Geschichten und Musicals in modernem Showtanzstil und Jazz, sehr darstellerisch, sehr effektgeladen. Mit 13 startet er in der Solosparte und spezialisiert sich auf Nummern zu Musical-Themen.

Schon bald interessiert John die darstellende Kunst auch als Beruf. Nachdem er mit einer Showtanzkollegin in eine Ballettstunde hineingeschnuppert und ihm diese Art zu tanzen auf Anhieb zugesagt hat, trainiert er zusätzlich ein Jahr lang Ballett, bis er sich mit 17, kurz vor Abschluss der allgemeinbildenden Schule, an verschiedenen staatlichen Tanzhochschulen bewirbt.

Zwei Ballettakademien bieten ihm einen Platz an. Doch gefällt es ihm dort nicht; er spürt, dass das nicht das Richtige ist, auch wenn er den Grund zu diesem Zeitpunkt noch nicht bewusst fassen kann. Bei einer weiteren, sehr technisch, aber stark zeitgenössisch ausgerichteten Hochschule mag er die dort vertretene Ästhetik auf Anhieb: Er hat sich Videos der Choreographen, die mit der Schule in Verbindung stehen, angeschaut, ist begeistert und will so etwas unbedingt auch ausprobieren. Glücklicherweise wird er angenommen.

Ramon A. John hat starken Konkurrenzdruck unter den Studierenden erwartet – und ist positiv überrascht. Die Gruppe ist klein, man arbeitet viel zusammen und es herrscht eine familiäre Atmosphäre, die auch die Dozenten einschließt. »Ich habe von Schulen gehört, die viel mehr auf Konkurrenz setzen, indem die Schüler in verschiedene Levels eingeteilt werden oder die Klassen zunächst relativ groß sind und dann nach dem ersten Jahr noch einmal um die Hälfte verkleinert werden. Ich glaube, das wäre nichts für mich gewesen, ich glaube, ich habe die sehr persönliche Förderung hier gebraucht.« Außerdem gefällt ihm die Vielfalt des Angebots. Zwar hat er mit tanzpraktischem Unterricht in den verschiedensten Techniken – vom klassischen und neoklassischen Ballett über modernen Tanz bis hin zu Release, Kontaktimprovisation und Improvisation – gerechnet, nicht aber mit dem umfangreichen theoretischen Angebot. »Das war eine sehr kreative Ausbildung, auch für den Kopf, was wichtig ist für einen Tänzer.«

Zu den Highlights der Ausbildung zählt er auch das Repertoire, das die Studierenden bei den drei Aufführungen pro Jahr tanzen dürfen und das sie zum Teil mit den Choreographen oder ihren Assistenten persönlich einstudieren. »Diese tollen Stücke, die zur Tanzgeschichte dazugehören. Weil wir nicht so viele waren, bekam jeder mal die Chance, solistisch zu performen, sodass er wirklich zum Künstler ausgebildet wurde. Man macht auf der Bühne mit diesen herausfordernden Stücken die Erfahrung, dass man sich durchkämpfen muss. So ist es ja später im Job auch. Und darauf war ich schon vorbereitet.«

Generell war diese Ausbildung für ihn genau das Richtige, meint John heute. Das hätte auch viel mit Glück und den passenden Lehrern zu tun gehabt. »Die ersten zwei Jahre waren schwierig für mich wegen einer bestimmten Lehrerin, deren Unterricht mich nicht immer so weit gebracht hat, weil ihre Lehrmethoden mich mit meinen 17 Jahren nicht motiviert haben. Im dritten Jahr bekamen wir eine neue Lehrerin, die war komplett anders. Ihre Art zu arbeiten und zu korrigieren war sehr gut für mich. Und wenn ich das drei Jahre lang gehabt hätte, wäre ich jetzt wahrscheinlich ein anderer Tänzer.«

Im zweiten Studienjahr springt er in einer Produktion des Jahrgangs über ihm ein. Das ist sein erster Kontakt mit der regelmäßig kooperierenden Gastchoreographin, deren Stil und Stücke ihm gut gefallen. Im Jahr darauf kommt sie wieder, um mit seinem Jahrgang eine Choreographie einzustudieren – und ist begeistert von der Entwicklung, die er dank seiner neuen Lehrerin durchgemacht hat. Sie bietet ihm für die folgende Spielzeit einen Praktikantenvertrag in ihrer Kompanie an. John muss noch alleine zu einem Vortanzen kommen, das klassische Kompanie-Training mitmachen, eine kurze Variation aus einem Stück lernen und präsentieren. Die Choreographin, die inzwischen erfahren hat, dass John die Schule schon verlassen darf, und eine zusätzliche Geldquelle aufgetan hat, kann ihm daraufhin sogar einen Teilspielzeitvertrag als festes Ensemblemitglied anbieten. John meint, er habe viel Glück gehabt. »So ein Berufseinstieg ist wohl eher für Männer typisch. Es gibt einfach nicht so viele, die werden stärker gesucht.«

Der Übergang vom Studium in den Berufsalltag bringt für John einige Veränderungen mit sich, mit denen er erst einmal umzugehen lernen muss. So empfindet er es zum Beispiel als schwierig, seinen Körper in Form zu halten ohne den Drill, den er aus dem Studium gewohnt ist. »In der Kompanie wird natürlich Training angeboten, aber da steht kein Lehrer mehr neben einem, der ›Mehr!‹ ruft. Ich habe diesen Antrieb zum Glück immer noch selbst, und ich habe auch die Stimmen von meinen Lehrern im Kopf, was mir hilft. Aber es ist natürlich eine Verlockung, diese Disziplin im Training schleifen zu lassen. Und das kann dann ganz schnell dazu führen, dass die technische Basis, die man für unsere Stücke braucht, nicht mehr da ist.« Da die Kompanie sehr viele Aufführungen pro Jahr hat, braucht er extrem viel Kraft und Kondition – die ihm noch fehlen. Daher geht er seit Neuestem zusätzlich zweimal die Woche ins Fitnessstudio.

Und noch einen großen Unterschied sieht er zum Studium: »Es ist nicht mehr so vielfältig. Es ist jetzt immer der Stil unserer Choreographin, jeden Tag. Und dafür muss man schon bereit sein, ansonsten kann man das nicht lange machen. Da muss man schon genau die richtige Gruppe gefunden haben, genau den richtigen Ort.«

Das hat John offenbar, jedenfalls für den Moment. In der Kompanie mit ihren 17 Tänzerinnen und Tänzern gibt es keine offizielle Hierarchie; alle haben ähnliche Aufgabenfelder. Im Gegensatz zu vielen anderen Ensembles bekommen die neuen Mitglieder auch Gelegenheit, das Repertoire mit den Ballettmeistern in Einzelproben einzustudieren. All dies empfindet John als sehr angenehm und es ist in seinen Augen mitverantwortlich für die gute Arbeitsatmosphäre. Der Arbeitstag – dienstags bis samstags – dauert von 10:00 bis 18:00 Uhr; wenn Vorstellungen sind, enden die Proben schon um 16:00 Uhr. Und jeden Tag gibt es eine Stunde Mittagspause, das ist, wie John gehört hat, durchaus nicht die Regel: In anderen Kompanien wird teilweise lange durchgearbeitet, sodass nur Zeit zum Essen bleibt, wenn man gerade nicht gebraucht wird.

Struktur und Arbeitsweise seines Ensembles hält John für relativ typisch für moderne bzw. zeitgenössische Tanzkompanien. Zwar fordert ihre Choreographin durchaus tanztechnische Virtuosität, doch gibt es gleichzeitig einen starken Tanztheatereinfluss: Es wird viel gesprochen und gesungen, und an der Stückentwicklung sind die Tänzer häufig in Form von Improvisationen beteiligt. Außerdem wird das eigene Choreographieren der Ensemblemitglieder unterstützt: Ein Tanzabend der Spielzeit ist dafür reserviert. Auch John entdeckte dabei plötzlich seine Lust am Stückekreieren, obwohl die Eigenarbeiten in der Schule nicht unbedingt sein Fall waren.

John hat jetzt ein paar Choreographen gefunden, mit denen er später gerne zusammenarbeiten würde. Noch weiß er allerdings nicht genau, wohin die berufliche Reise führen soll. »Nach dem Eindruck hier ist es schwierig für mich, etwas ebenso Gutes zu finden. Ich kann mir vorstellen, hier noch länger zu bleiben, falls man es mir anbietet. Ich habe mir allerdings auch vorgenommen, viel rumzukommen, solange ich noch jung bin, damit ich noch in viele Extreme gehen und innovative Gruppen kennenlernen kann. Deswegen will ich eigentlich nach Ende des Vertrags gehen, um nicht zu lange hier zu bleiben. Auch wenn es hier schön ist.«

Wichtig zur Bewältigung seines Berufsalltags ist für John momentan vor allem eins: »Man muss unbedingt selbstkritisch bleiben. An einem bestimmten Punkt bin ich immer gelangweilt von mir, und dann verändere ich etwas. Zum Beispiel meine Dynamik, die Bilder oder Emotionen, die ich als Antrieb verwende; oder ich richte mein Augenmerk beim Tanzen auf einen anderen Körperteil. Und das bringt mich immer voran, das hat mir geholfen, mich weiterzuentwickeln.«

II Die Tanzausbildung

Standortbestimmung: Aktuelle Entwicklungen der Tanzausbildung

Wer die Besonderheiten und aktuellen Diskussionen der heutigen Tanzausbildungsszene in Deutschland verstehen will, für den lohnt sich ein Blick zurück auf die Situation vor 20 Jahren. 1992 erschien eine Studie mit dem Titel *Tanzausbildung in Deutschland*, die vom Bundesministerium für Bildung und Forschung in Auftrag gegeben worden war.[1] Ausgangspunkt war die Frage nach den Gründen für die – im Vergleich zu den westeuropäischen Nachbarländern – schlechte Stellung des zeitgenössischen Tanzes in der Bundesrepublik. Zwar hatte sich neben den Ballettensembles der Stadt- und Staatstheater eine Szene aus freien und zum Teil auch festen zeitgenössischen Kompanien und Tanztheatern etabliert, doch existierte (bis auf wenige Ausnahmen an einzelnen Schulen) kein Ausbildungskonzept, das für den Beruf ›Tänzerin/Tänzer‹ in diesen Bereichen qualifizierte.

Das Ergebnis der Studie bestätigte den ersten Eindruck: In Deutschland herrschte eine strikte Trennung von Ballett und modernen Bewegungsformen, staatliche Fördermodelle waren fast ausschließlich auf den klassischen Tanz zugeschnitten. Choreographen und Kompanieleiter beklagten, dass die erlernten Fähigkeiten der jungen Tänzer häufig nicht mehr dem Bedarf entsprachen. Auf dem Berufsmarkt war mehr und mehr die Beherrschung unterschiedlicher Tanzstile und Ausdrucksweisen erforderlich, um auf die vielfältigen Vorstellungen und Arbeitsweisen der Choreographen reagieren zu können – ganz zu schweigen von dem Know-how, das nötig war, um in der freien Szene zu bestehen. Diese Einschätzung der Tanzmacher stand in auffallendem Gegensatz zu den Ansichten der Leiter der Tanzstudiengänge an den Hochschulen und Berufsfachschulen, die sich auch im Studienangebot widerspiegelten: Hier war man überwiegend der Meinung, dass die klassische Technik die einzig gültige Basis des Bühnentanzes sei, der das Repertoire an den Stadt- und Staatstheatern bestimme, wo klassische wie auch moderne Ballettkompanien vorherrschten. Alle anderen an den Schulen gelehrten Tanzformen wurden nur als Ergänzung des klassischen Balletts gesehen.

Der staatliche Schulsektor hatte sich beim Wiederaufbau nach dem Zweiten Weltkrieg auf die Ausbildung von Balletttänzern konzentriert, um die aufblühende Ballettlandschaft sowohl in West- als auch in Ostdeutschland mit Nachwuchs zu versorgen. Ursprünglich modern ausgerichtete Schulen wie die Palucca Schule in Dresden oder die Folkwangschule in Essen stärkten zeitweise ebenfalls den Ballettunterricht in ihren Curricula. Die Ballettschulen in Berlin und Leipzig wurden wieder in Betrieb genommen und ausgebaut. In der Bundesrepublik erreichte man den internationalen Standard in der Ausbildung des Ballettnachwuchses allerdings erst 1971 mit der Neugründung der John Cranko Schule, die direkt mit dem Stuttgarter Ensemble zusammenarbeitete; dieses hatte Ende der 60er-Jahre im Zuge des sogenannten Stuttgarter Ballettwunders als erste westdeutsche Kompanie internationales Renommee erlangt. Ende der 70er-Jahre kamen dann die von der Heinz-Bosl-Stiftung mitgetragene Akademie in München und die Ballettschule der Hamburgischen Staatsoper hinzu. All diese Schulen waren ebenso wie die später von den Kommunen und Ländern sukzessive eingerichteten Tanzstudiengänge an den Hochschulen darauf ausgerichtet, für das deutsche Stadttheatersystem mit seinen festen Häusern und Ensembles auszubilden – öffentliche Ausbildungsförderung für den öffentlich subventionierten Theaterbesuch. Der moderne Tanz bzw. Ausdruckstanz, der vor dem Krieg Deutschlands Aushängeschild gewesen und im Dritten Reich untergegangen war, ab den 1970er-Jahren in Form des Tanztheaters à la Pina Bausch aber wieder neue, international beachtete Früchte trug, konnte den staatlichen Schulsektor zunächst kaum beeinflussen. Anders sah es im privaten Bereich aus.

Zum Zeitpunkt der 1992er-Studie existierten neben den rund zehn Hochschulen bzw. Berufsfachschulen allein in der Bundesrepublik mehr als 1600 private Tanz- und Ballettstudios, von denen ca. 150 über das Freizeitangebot hinaus auch eine tänzerische Ausbildung anboten. Diese fingen viele Tanzstudierende auf, die ihre Interessen im Unterrichtsprogramm der staatlichen Schulen nicht vertreten sahen: Wer sich in Richtung moderner oder zeitgenössischer Tanz, Jazz, Show oder Musical ausbilden lassen wollte, wurde, wenn überhaupt, dann dort fündig.

Spätestens mit den Ergebnissen der Studie war klar, dass sich der Bedarf geändert hatte: Es musste nicht nur für das anderen Tanzrichtungen gegenüber offener gewordene Stadttheatersystem und einen wachsenden privaten Theatersektor ausgebildet werden, sondern auch für die freie Szene, die ab Mitte der 70er-Jahre entstanden war und neue Arbeits- und Förderstrukturen und damit auch einen eigenen Markt geschaffen hatte; die Schulen konnten sich nicht mehr damit begnügen, ihren Unterricht stilistisch ausschließlich auf die Kompanie, der sie angegliedert waren, zuzuschneiden. Auch die staatliche Ausbildung war gezwungen zu reagieren, wollte sie die Kluft zwischen ihrem Angebot und den geforderten beruflichen Fähigkeiten nicht noch mehr vergrößern.

Gleichzeitig mussten sich die Ausbildungsinstitutionen mit einer weiteren Entwicklung auf dem Berufsmarkt auseinandersetzen, die sich in den letzten 20 Jahren seit der Studie kontinuierlich fortgesetzt hat: mit den steigenden technischen Anforderungen, der verlangten immer größeren körperlichen Leistungsfähigkeit. Und zwar nicht nur an den Stadt- und Staatstheatern, sondern auch bei den freien Kompanien – unabhängig vom Tanzgenre (von Ausnahmen gerade im zeitgenössischen Bereich einmal abgesehen). Die Tendenz geht zum Sportiven: Es zählt das Höher-Schneller-Weiter, die Bewegungen sind akrobatischer geworden.

Was also haben diese Veränderungen des Marktes und des Berufsbildes ›Tänzerin/Tänzer‹ ausgelöst, was ist in den vergangenen beiden Jahrzehnten in der Tanzausbildung in Bewegung gekommen? Im Folgenden werden fünf Entwicklungen skizziert, die die aktuellen

Diskussionen der Ausbildungsszene nach wie vor stark bestimmen. Sie sind sicherlich noch nicht abgeschlossen, haben aber bereits einige Ausbildungsstätten zu Umstrukturierungen und neuen Angeboten bewogen, während andernorts außer Bekenntnissen auf Papier bislang kaum etwas geschehen ist.

Die Vielfalt gelehrter Techniken

Seit den 1980er-Jahren, als der Spruch »Du solltest lieber modernen Tanz machen oder ins Musical gehen« an den fast durchweg klassisch ausgerichteten staatlichen Institutionen noch als Beschimpfung galt, hat sich dort einiges getan. Das Angebot wurde deutlich erweitert, stilistische Grenzen sind gefallen. Zudem hat sich der tanztechnische Standard im modernen und zeitgenössischen Bereich dem der westlichen Nachbarländer angenähert. Neue Studiengänge für zeitgenössischen Tanz sind an den Hochschulen entstanden, und einige der bestehenden Studiengänge haben ihr Profil in Richtung klassisch-zeitgenössischer Mischung neu ausgerichtet. Fast überall bildet der Ballettunterricht aber nach wie vor einen – wenn auch nicht mehr den einzigen – Schwerpunkt.

Eine Reihe von Techniken und Stilen wird man allerdings auch heute vergeblich an den staatlichen Schulen suchen, so etwa Hip-Hop, Show Jazz, afrikanischen Tanz oder Butoh. Wer sich dafür interessiert, wird entweder an privaten Schulen fündig oder sollte sich im Ausland umsehen. Andere wiederum – wie zum Beispiel Breaker – agieren sowieso außerhalb der Institutionen und innerhalb einer speziellen Szene, in der man sich das Tanzen im Wesentlichen selbst und gegenseitig beibringt. Immerhin akzeptieren viele der Hoch- und Berufsfachschulen mittlerweile Studierende, die einen derartigen technischen Background mitbringen.

Was dagegen an den deutschen Schulen neben den als ›modern‹, ›Jazz‹ oder ›zeitgenössisch‹ ausgewiesenen Techniktrainings zunehmend auf den Lehrplänen steht, sind Bewegungssysteme und kreative Werkzeuge, die über die Tanztechniken im engeren Sinn hinausgehen. Das sind zum einen (Körper-)Wahrnehmungstechniken, die das Bewusstsein für motorische Prozesse schärfen und das Gespür für Qualität und Effizienz der Bewegung verfeinern: Alexander-Technik, Feldenkrais-Methode, Body-Mind Centering und Klein Technique, um nur einige zu nennen.

Daneben hat der Improvisationsunterricht an Relevanz gewonnen, seit die Tänzer angehalten sind, im Probenprozess eigene Bewegungsvorschläge zu unterbreiten und / oder während der Aufführung zu improvisieren. Eine Reihe von Improvisationstechniken werden mittlerweile gelehrt, so zum Beispiel Kontaktimprovisation, Rudolf von Labans System, William Forsythes Improvisation Technologies, Action Theatre oder eine vom jeweiligen Lehrer selbst entwickelte Methode. Den Unterschied zum durchchoreographierten Tanzen bringt die Tänzerin Etoile Chaville auf den Punkt: »Improvisation ist für mich nicht eine Form, sondern perfekte Kreativität. Man muss in jedem Moment präsent sein, in jedem Moment in Kontakt mit seinen Empfindungen sein. Ich kann zu jedem Zeitpunkt wählen, welche Bewegungen ich machen möchte. Wenn ich improvisiere, bin ich gleichzeitig Tänzerin, Performerin und Choreographin. Ich bin selbst verantwortlich, kann forschen und finden.« »Improvisation«, bemerkt der Choreograph und ehemalige Ballettdirektor Philip Taylor im Jahrbuch 2010 der Zeitschrift *tanz*, »ist die wichtigste professionelle Fähigkeit der Tänzer geworden, um zu überleben. Aber nicht mal die Schulen akzeptieren diese Wahrheit.«[2] Denn auch wenn die meisten Improvisation in ihr Angebot aufgenommen haben, wird ihr nur selten ein gleichberechtigter Raum neben den traditionellen Tanztechniken eingeräumt.

An einigen Schulen sind ›Techniken‹ in einem noch weiteren Sinne hinzugekommen, an anderen sind sie zumindest Gegenstand von Diskussionen. So werden beispielsweise die Gruppenarbeit, Spielformate und Kommunikationsformen mit Partnern trainiert. Oder die Studierenden erkunden mit Multimediatools verschiedene choreographische Arbeitsweisen. Techniken der Bewegungsrecherche und -analyse werden vorgestellt – Techniken, die das Handwerkszeug liefern, um als Tänzer-Choreograph zu arbeiten. Und wer tänzerische Konzepte selbst entwickeln und (mündlich wie schriftlich) präsentieren kann, besitzt weitere Fähigkeiten, um als Tänzer in der freien Szene zu überleben.

Angesichts der Vielfalt unterschiedlicher Techniken, über die ein Tänzer in seinem Berufsalltag heute verfügen sollte, stehen die Tanzausbildungsstätten vor einer Reihe von Fragen, die sie ihrem jeweiligen Konzept und Ziel entsprechend beantworten müssen: Wie gehe ich mit dem Konflikt zwischen der Fülle an Möglichkeiten auf der einen Seite und der Notwendigkeit zur Konzentration auf bestimmte Bereiche auf der anderen Seite um? Biete ich Einblick in möglichst viele Techniken, um den Horizont und die Wahlmöglichkeiten der Studierenden zu erweitern, oder beschränke ich mich (zumindest in den ersten Jahren) auf bestimmte, wenige Techniken, damit sich die Studierenden eine solide Basis erarbeiten können, auf der sie später aufbauen?

Klar ist: Je mehr Techniken die Absolventen beherrschen, desto anschlussfähiger sind sie an verschiedene choreographische Stile und Arbeitsweisen und desto bessere Chancen haben sie, beruflich unterzukommen. Gleichzeitig müssen die Ausbildungsstätten jedoch auf die zweite geschilderte Entwicklung reagieren: auf die gestiegenen physischen Anforderungen, die in nahezu allen Bereichen heute extrem hoch sind. Angesichts dieser Herausforderungen verschärft sich der Konflikt zwischen Breite und Tiefe des Fächerkanons noch.

Am stärksten von allen Schulen sehen sich wahrscheinlich die Ballettschulen mit dem Wunsch der Kompanieleiter nach perfekter Tanztechnik und körperlicher Höchstleistung konfrontiert, nicht zuletzt deshalb, weil sie für einen internationalen Markt ausbilden und die Absolventen bei jeder Audition mit Schülern von Ausbildungsinstitutionen weltweit konkurrieren. Wie im Sport gibt es im Ballett mittlerweile eine Reihe von Wettbewerben, in denen um Medaillen gekämpft wird; das Prestige der Schule (und damit häufig auch ihre finanzielle Situation) ist davon ebenso abhängig wie die weitere Karriere der Teilnehmer. Hier steht verständlicherweise zunächst die Konzentration auf eine Tanztechnik im Mittelpunkt. Doch ein Tänzer ist eben nicht nur Hochleistungssportler, sondern auch Künstler, und Tanz als Kunstform braucht mehr als perfekte Proportionen, Athletik und Akrobatik. Sport und Kunst – noch zwei Pole, zwischen denen die Tanzausbildung eine Balance suchen muss.

Für die Dozenten stellt sich die Frage: Wie unterrichte ich, um meine Schüler ›leistungsfähig‹ zu machen? Setze ich auf Drill, definiere ich Leistung über Formerfüllung oder richte ich meine Lehre am Individuum, an seinen Voraussetzungen und Talenten aus? Denn nicht nur die Techniken haben sich vervielfältigt, sondern auch die Unterrichts- und Trainingsmethoden. Und wie jedem erfahrenen Tanzschüler geläufig sein dürfte: Die Vermittlungsmethode eines bestimmten Lehrers ist immer auch Teil der gelehrten Technik.

Körperbewusstsein, Körperwissen

Unser Wissen über den menschlichen Körper, seine Anatomie und Physiologie, die Zusammenhänge zwischen Körperfunktionen und Psyche sowie über seine neuronale Steuerung verändert und vergrößert sich kontinuierlich. Dies hat verschiedene Gründe: zum einen die biologische, medizinische und verwandte wissenschaftliche Forschung, zum anderen aber auch die Vermittlung körperpraktischen Wissens im Unterricht und die Neu- und Weiterentwicklung von Bewegungstechniken.

Zu den Bewegungspraktiken, die ausdrücklich auf eine Erweiterung des Bewusstseins für körperliche Vorgänge abzielen, gehören die Körperwahrnehmungstechniken, deren Ansätze heute mehr und mehr in die tänzerische Arbeit integriert werden. Feldenkrais-Methode, Alexander-Technik, Klein Technique & Co. – man könnte sie auch als eine Art von angewandter Anatomie bezeichnen. Mit ihrer Hilfe lernen die Tänzerinnen und Tänzer, Bewegung körper-sinnlich zu verstehen, sie zu analysieren und Muster bei Bedarf zu verändern. So kann Bewegung effektiver und die Verletzungsgefahr verringert werden. Doch geht es nicht nur um den gesundheitlichen Aspekt: Die Tanzenden erlangen größere Freiheit, die bewusst gemachten

Bewegungsabläufe nach ihren Wünschen zu formen, und können so auch mit feiner Nuancierung agieren, wodurch sie ihre Ausdrucksmöglichkeiten erweitern – was sie wiederum zu besseren Künstlern macht.

So ein ›praktischer Anatomieunterricht‹ besitzt gegenüber einem rein theoretischen Zugang eindeutige Vorteile, da es sich beim Körperwahrnehmungswissen stets um ein Erfahrungswissen handelt: Indem der Körper sich dieses Wissen in Bewegung aneignet, kann er es anschließend leichter auf einen bestimmten Bewegungsablauf übertragen.

Das Fach Anatomie ist schon länger Bestandteil der Tanzausbildung, allerdings zumeist als theoretische Unterrichtseinheit, losgelöst vom Techniktraining. Mittlerweile verwenden immer mehr Lehrer in ihrem Technikunterricht auch anatomische Bilder und Erklärungen und bauen auf tanzmedizinischen Kenntnissen auf. Insgesamt wird mehr Wert auf körpergerechtes Arbeiten gelegt.

Dies hängt sicher mit einem generell veränderten Gesundheitsbewusstsein in der Gesellschaft zusammen, dem sich die Tanzausbildungsstätten nicht entziehen können. Im Zuge dessen haben auch die Körperwahrnehmungstechniken, deren Boom in den 1970er-Jahren in den USA begann, in die Studios hierzulande Einzug gehalten und sogar in die Tanzhochschulausbildung, wenn auch noch nicht seit allzu langer Zeit: 2001 tauschte sich die Fachwelt im Rahmen eines Kongresses erstmals über Körperbewusstseinsmethoden in der Tanzausbildung aus und entwickelte Vorschläge für die Fortbildung von Ballettpädagogen. Da heute mehr und mehr Tanzlehrer (besonders im zeitgenössischen Bereich) über eine Zusatzausbildung in einer Körperwahrnehmungstechnik verfügen, integrieren sie dieses Wissen häufig in ihr Training. Ob die Techniken als separate Fächer in den Lehrplänen auftauchen, hängt allerdings stark vom Profil der Schule, ihren personellen Möglichkeiten und vom tänzerischen Genre ab. Während die meisten zeitgenössischen Studiengänge Körperwahrnehmungstechniken anbieten – wenn auch häufig nur als Wahlfächer und nicht unbedingt kontinuierlich und mehrmals pro Woche –, meint zum Beispiel Ralf Stabel, Leiter der Staatlichen Ballettschule Berlin, dass »Veränderungen à la mehr anatomisches Denken und Körperbewusstseinstechniken zwar im Gespräch, aber noch nicht wirklich etabliert sind. Und ich glaube, dass sich das neben den traditionellen Ausbildungsinstituten etabliert.« Ähnliches gilt auch für das tanzmedizinische Wissen: Es ist an den Schulen zwar insgesamt präsenter, vom regelmäßigen Theorieangebot bis zur praktischen Umsetzung im Tanztraining ist es aber noch ein weiter Weg.

Verbindung von Theorie und Praxis

Die Konzentration auf die körperliche Erziehung und die Vernachlässigung der geistigen sind quer durch die Geschichte der Tanzausbildung immer wieder thematisiert und – besonders vonseiten der Vertreter des modernen Tanzes – kritisiert worden. Aber welche Theoriekenntnisse, welches Maß an theoretischer Reflexion benötigt ein Tänzer heute überhaupt? Was kann theoretische Ausbildung über Musiktheorie und Tanzgeschichte (also Fächer, die typischerweise neben dem praktischen Training zu belegen sind) hinaus bedeuten?

Zunächst einmal kann es heißen, zusätzlich zur körperlichen Flexibilität auch geistig beweglich zu bleiben und nicht in purer Nachahmung zu verharren. Viele Lehrkräfte leiten dies in der Tanzausbildung bereits an, indem sie etwa Übungen variieren, Bewegungen aus verschiedenen Perspektiven erläutern, mit Imagination und Bildern arbeiten und improvisieren lassen. Sie machen – auch körperlich und nonverbal – im Unterricht Dinge deutlich, indem sie verschiedene Möglichkeiten aufzeigen oder wichtige Details überspitzen. ›Theorie‹ meint hier, dass die Studierenden mitdenken, neu denken und ihr eigenes Tun analysieren, es also ›theoretisieren‹. An diese Unterrichtspraxis kann die Vermittlung des theoretischen Wissens anknüpfen, das unmittelbar mit dem menschlichen Körper und seinen Bewegungen verbunden ist und von biologischen und medizinischen Kenntnissen bis hin zu Körperwahrnehmungstechniken reicht.

Darüber hinaus kam es in den vergangenen Jahrzehnten zunächst im tänzerischen Beruf und später auch in der Ausbildungsdiskussion bzw. der Ausbildung selbst zu einer Öffnung gegenüber theoretischem Wissen, das den eigenen Tanz verstehen hilft, seinen Kontext sowie seine ästhetischen und ideologischen Verflechtungen. Derartiges Hintergrundwissen erlaubt es, tänzerische Variationsmöglichkeiten zu erkennen und zu nutzen. Tanzgeschichtliches Wissen und ein Überblick über die Tanzszenen weltweit etwa führen die Vielfalt von Tanzformen und -stilen, ihre Zusammenhänge und Besonderheiten sowie die jeweils damit verbundenen Methoden und Normen vor Augen; soziologische, kulturtheoretische und philosophische Theorien ermöglichen eine gesellschaftliche, politische oder kulturelle Einordnung. »Wenn ich zum Beispiel klassischen Tanz aus dem Waganowa-Buch vermittle, ohne zu erläutern, woher dieses System kommt, was genau seine Qualitäten sind, wo vielleicht die Schwächen liegen und welche Ideologie dahinter steht, dann ist das heute wirklich ein Problem«, meint Ingo Diehl aufgrund seiner Erfahrungen als Professor für zeitgenössische Tanzpädagogik und ehemaliger Leiter des Ausbildungsbereichs der Bundeskulturstiftungs-Initiative Tanzplan Deutschland. »Weil das eine Einschränkung bedeutet. Wenn ich ein System ohne seinen Kontext vermittle, gehe ich davon aus, dass es nur in einer ganz bestimmten Weise, also entweder richtig oder falsch, vermittelt werden kann. Und das geht nicht mit der Vielfalt zusammen. Dann haben die Studenten nicht die Wahl, die Dinge auch anders und in einem anderen Rahmen zu verwenden.«

Einerseits kann die theoretische Kontextualisierung dabei helfen, den eigenen Tanz zu verbessern und sich klarzumachen, wohin der Weg führen soll, darüber hinaus bietet sie aber auch Material für eigene künstlerische Experimente. Eva-Maria Hoerster, Geschäftsführende Direktorin des Hochschulübergreifenden Zentrums Tanz Berlin, unterstreicht die Bedeutung dieses erweiterten Blicks für eine künstlerische Ausbildung heute: »Wir möchten, dass die Leute ihr ganzes kreatives Potenzial ausschöpfen und dass sie ein Kunstverständnis haben, das nicht losgelöst ist von den sonstigen Entwicklungen in der zeitgenössischen Kunst. Dazu gehört die Beschäftigung mit Kunsttheorie, Philosophie und soziologischen Ansätzen, um zu verstehen: Was ist denn eigentlich der Kontext dessen, was ich hier vorhabe?«

Je intensiver die Tänzer in den Entwicklungsprozess von Stücken eingebunden werden und als Tänzer-Choreographen agieren, je mehr sie improvisieren und eigene Ideen einbringen müssen, desto stärker sind sie gefordert, verschiedene Formen theoretischer Reflexion mit ihrer Tanzpraxis zu verschmelzen.

Doch auch wenn die Verbindung von körperpraktischem und theoretischem Wissen viel diskutiert wird, steht ihre Realisation an den berufsausbildenden Schulen häufig noch aus. Zwar werden fast immer theoretische Fächer wie Anatomie, Musiktheorie und Tanzgeschichte angeboten, doch bleiben diese oft losgelöst vom praktischen Tanzunterricht. Auf der anderen Seite bemühen sich immer wieder einzelne Lehrer um fächerübergreifende Kooperationen und gestalten ihren Stoff so, dass er sich mit der Erfahrung in anderen Unterrichtsstunden verbinden lässt: Sei es, dass bewegungsanalytische Methoden direkt am eigenen Tanz erprobt werden, sei es, dass aus tanzhistorischen Quellen Material für eigene Choreographien entwickelt wird. Das Experiment der Koppelung von Theorie und Praxis läuft, steht aber noch am Beginn.

Der selbstbewusste, kreative Tänzer

Tänzern wurde und wird häufig eine gewisse Unselbstständigkeit, verbunden mit einem Hang zur Unterordnung nachgesagt: Beispielsweise wird – die traditionelle Arbeitsaufteilung voraussetzend – darauf hingewiesen, dass sie die Ideen und Anweisungen anderer, nämlich der Choreographen und Ballettmeister ausführen, dass sie ihr individuelles Tanzen der Gruppe anpassen müssen und Bewegungen bloß kopieren.

Den oben beschriebenen Veränderungen in der Ausbildung liegt ein anderes Bild des Tänzers zugrunde: das einer mitdenkenden, selbst gestaltenden, eigenständigen kreativen Persönlichkeit. Diese Vorstellung ist nicht neu (in den 1920er-Jahren wurden beispiels-

II Die Tanzausbildung

weise im Zuge des modernen Tanzes ähnliche Ideen formuliert), sie wird aber heute vor dem Hintergrund veränderter Arbeitsweisen von Vertretern fast aller gängigen künstlerischen Tanzformen – auch des klassischen Tanzes – propagiert. Der Tänzer des 21. Jahrhunderts soll sich an der Seite des Choreographen als künstlerischer Partner behaupten können; womöglich vereint er sogar beide Rollen als selbstverantwortlicher Tanzmacher. Seine Individualität hat einen anderen Stellenwert bekommen: Er ist sich seiner selbst bewusst, ist informiert und bringt Wissen, eigene Erfahrungen und Ideen ein. (Dass er außerdem ein hohes technisches Niveau, Ausstrahlung und Ausdrucksvermögen besitzt, wird selbstverständlich vorausgesetzt.)

Auf dem Papier zielen fast alle berufsausbildenden Schulen mit ihrem Programm auf die Entwicklung einer derartigen Tänzerpersönlichkeit ab. In der praktischen Umsetzung gestaltet sich dies jedoch sehr unterschiedlich, abhängig vom Profil der Schule: von den Bereichen des Berufsmarktes, für die ausgebildet wird, von der Schwerpunktsetzung bei den Techniken und natürlich von den einzelnen Lehrenden und ihren Unterrichtsmethoden. Eine Beobachtung aber machen viele Dozenten: Die Schulen haben es heute mit Studierenden zu tun, die – womöglich dank eigener Recherchen und Medien wie dem Internet – informierter und aufgeklärter sind als noch vor 20 Jahren und zudem offener gegenüber neuen tänzerischen und ästhetischen Formen.

Ausbildung als Vorbereitung auf den Beruf

Auf dem Berufsmarkt wird es enger: In den letzten Jahren wurden an den Theatern kontinuierlich Stellen abgebaut, während die internationale Konkurrenz nach wie vor groß ist und weiterhin viele junge Tänzer auf den Markt drängen. Es wird für die Absolventen immer schwieriger, einen bezahlten Job zu finden und das Tanzen wirklich als Profession auszuüben. Die Berufsausbildungsstätten sehen sich deshalb in der Pflicht, ihre Studierenden beim Übergang von der Ausbildung in den Beruf stärker zu unterstützen.

Zunächst einmal versuchen sie, ihnen mehr Bühnenpraxis zu ermöglichen, sei es durch Schulaufführungen, Auftritte mit kooperierenden Kompanien oder durch die Förderung eigener Projekte. Da die Theaterkompanien den Tänzern heute kaum noch Raum geben können, sich langsam in den Berufsalltag einzufinden, müssen diese die benötigten Erfahrungen und Fertigkeiten bereits mitbringen.

Daneben ist die Projektarbeit bzw. die Realisation eigener choreographischer Projekte Teil vieler Studiengänge, um die Studierenden auch auf Tätigkeiten in der freien Szene vorzubereiten. Häufig werden hierzu – ebenso wie zur Einstudierung des Repertoires – Gastchoreographen eingeladen, sodass die Studierenden verschiedene aktuelle Arbeitsweisen kennenlernen und bereits Kontakte in die Berufswelt knüpfen können.

Der Vernetzung mit der lokalen Tanzszene wird generell große Bedeutung beigemessen. Zum einen versuchen die Institutionen, neben den eigenen Dozenten auch (weitere) aktive Künstler an sich zu binden; zum anderen kooperieren sie mit Kompanien, um den Studierenden Praktika und Kontakte zu ermöglichen. Hinzu kommt die Vermittlung in Berufseinstiegsmaßnahmen wie Juniorkompanien, Eleven- und Residenzprogramme (siehe auch das Kapitel »Unterstützung beim Berufseinstieg«). Bei einigen Ausbildungsstätten steht das abschließende Studienjahr ganz unter dem Vorzeichen des Übergangs und ist Auditions, Praktika und eigenen Projekten vorbehalten; andere haben einen aufbauenden Master-Studiengang eingeführt, der dem Sammeln von Berufserfahrung dient.

Die Schulen müssen sich aber auch verstärkt damit auseinandersetzen, für welche Art von Tanz und für welches Arbeitsfeld und welche Kompanien sie ausbilden möchten, um ihr Angebot gezielter darauf ausrichten zu können. Dem geht die Grundsatzfrage voraus: Soll sich die Ausbildung an den Forderungen des Berufsmarkts orientieren, oder will man vor allem starke Künstlerpersönlichkeiten hervorbringen, die ihrerseits in der Lage sind, den Markt zu formen? Inwieweit will (und muss) man systemkompatibel ausbilden, d. h. bestimmte Kompanien bestücken oder einen gewissen Stil bedienen?

Oder sollen die Studierenden stattdessen für viele verschiedene Arbeitsfelder im Tanz profiliert werden?

Ein gewisser Konsens besteht darin, dass die Schulen ihre Schüler in die Lage versetzen sollten, unter all den beruflichen Möglichkeiten den für sie passenden Weg zu finden und zu gehen. Die Ausbildungsstätten müssen mit der Vielfalt vertraut machen und verschiedene Perspektiven aufzeigen. Zudem sollten sie sich bemühen, die angehenden Tänzer in ihrer Entscheidungsfindung zu unterstützen. Tatsächlich haben viele Schulen ihr Coaching bei der beruflichen Orientierung intensiviert, und es finden mehr Gespräche zwischen Studierenden und Dozenten statt.

Die Verantwortung für die Karrieren ihrer Absolventen liegt aber nicht nur bei den Schulen und Dozenten, wie etwa Ingo Diehl, Professor an der Hochschule für Musik und Darstellende Kunst Frankfurt am Main, betont: »Eigenverantwortlichkeit muss man lernen, auch wenn sie in einer künstlerischen Ausbildung per se bis zu einem gewissen Grad vorhanden ist, weil man ja eine tiefere Motivation braucht, warum man das alles tut. Es ist ein harter Beruf, in dem man manchmal physisch bis zur Erschöpfung arbeitet. Er ist aber ebenso toll, wie er schwer ist. Und ich glaube, dass jeder Tänzer diese Motivation an bestimmten Punkten, an denen es nicht so einfach läuft, immer wieder klären muss: Warum will ich tanzen? Will ich das überhaupt? Oder will ich das vielleicht auch nicht mehr? Was ist das Problem, wenn ich das nicht mehr will? Es ist ein Weg, den ich gehen muss, und die Entscheidungen nimmt mir niemand ab.«

Besonderheiten der Vorausbildung

Die ›Ausbildung vor der Ausbildung‹ – was genau ist damit eigentlich gemeint? Die Ansichten gehen auseinander: Während der Begriff ›Vorausbildung‹ einerseits auf die gesamte Unterrichtszeit vor Beginn einer professionellen Vollzeitausbildung an einer Hochschule,

Typischer Verlauf einer klassisch-akademischen Ausbildung	Typischer Verlauf einer zeitgenössischen Ausbildung
Kindertanzklassen / Bewegungserfahrung: ab ca. 6 bis 10 Jahre	Bewegungserfahrung: Beginn mit dem Tanzen oder anderen Bewegungsformen ab ca. 6 Jahren, möglichst vor der Pubertät; bis zum Abschluss der allgemeinbildenden Schule mit 16 bzw. 18/19 Jahren
Grundausbildung: 10 bis 16 Jahre	
Berufsfachschulen / Hochschulen für klassischen Tanz: 16 bis 18–20 Jahre	Tanzhochschulen: 16 bis 19–21 Jahre bzw. 18/19 (z. T. später) bis 21–26 Jahre
Berufseinstieg: zwischen 18 und 20 Jahren	Berufseinstieg: zwischen 19 und 26 Jahren

Diese Angaben, die u. a. die Altersgrenzen der staatlichen Ausbildungsstätten berücksichtigen, sind schematisiert und treffen sicher nicht auf jede Tanzkarriere zu. Gerade zeitgenössische Ausbildungen können sehr unterschiedlich gestaltet sein: Mal orientiert sich der Ablauf zeitlich an der klassisch-akademischen Ausbildung, mal entscheiden sich die angehenden Tänzer erst relativ spät für eine Tanzausbildung und haben davor Bewegungserfahrungen auf anderen Gebieten (z. B. Sport) gesammelt. Zudem können die Grenzen zwischen einer klassischen und einer zeitgenössischen Ausbildung fließend sein.
Die Altersangaben orientieren sich primär an Frauen; bei Männern können sie sich auch ein bis zwei Jahre nach hinten verschieben.

Berufsfachschule oder privaten Schule angewendet wird, die sich an die allgemeinbildende Schulzeit anschließt, bezeichnen Vertreter und Institutionen der klassisch-akademischen Szene damit häufig die Kindertanzklassen vor der Berufsausbildung, die für diesen Bereich bereits mit circa zehn Jahren beginnt.

In diesem Kapitel soll es um den gesamten Ausbildungsbereich vor der Aufnahme eines Vollzeitstudiums, nämlich um den Tanzunterricht für Kinder und Jugendliche gehen – doch macht die Diskussion um den Begriff eines schon deutlich: Tanzausbildung bzw. das Sammeln von Bewegungserfahrung muss bereits früh, das heißt in der Kindheit oder Jugend beginnen, wenn man später als Profitänzer auf der Bühne stehen möchte. Dabei gibt es je nach gewählter Tanzart eine gewisse Spannbreite: Während klassische Tänzer ihre ernsthafte Ausbildung mit zehn bis elf Jahren beginnen sollten und Tanzerfahrung in jüngeren Jahren (ab etwa sechs Jahren) wünschenswert ist, lassen es andere Richtungen auch zu, dass man erst mit 16 oder später anfängt. Und es gibt starke Unterschiede zwischen den Geschlechtern: Männer können im Durchschnitt ein paar Jahre später einsteigen als Frauen und haben trotzdem noch die Chance auf einen Job. Der Erfolg bei einem Einstieg in höherem Alter hängt zudem von der sonstigen Bewegungsvorbildung ab. Sport, Gymnastik oder Ähnliches können den Körper ebenfalls auf die geforderte konditionelle und koordinative Höchstleistung vorbereiten. Viele der Profitänzer, die sich erst spät für diesen Beruf entschieden haben, haben zumindest in ihrer Kindheit bereits getanzt, selbst wenn sie zwischenzeitlich wieder aufgehört haben; oft haben sie auch eine musische Erziehung genossen und sich in Musical-AGs, Tanz- und Theatergruppen ausprobiert.

Bei den Überlegungen zum besten Alter für den Beginn einer Tanzausbildung spielt die Pubertät eine entscheidende Rolle: Alles, was der Körper davor lernt, verinnerlicht er als eine Art Grundlagenwissen seines Bewegungsvokabulars; mit der Pubertät verfestigen sich dann die Strukturen im Gehirn, und das danach Gelernte baut auf diesem Grundlagenwissen auf. Außerdem lässt sich die körperliche Flexibilität in den Jahren vor der Pubertät am leichtesten in bestimmte Formen lenken. Natürlich kann man Tanzen auch später lernen; die Frage ist letztlich, wie virtuos die körperlichen Fähigkeiten sein sollen, wie sehr der Körper auf eine bestimmte Form hin trainiert und für bestimmte Bewegungsmuster konfiguriert werden muss, um eine Technik mühelos und ›akzentfrei‹ ausführen zu können.

Entsprechend unterscheiden sich die Angebote von Tanzunterricht für Kinder und Jugendliche. Eine solide klassische Vorausbildung bieten vor allem die staatlichen Hoch- oder Berufsfachschulen an (vgl. die Liste im Anhang). An immerhin sechs dieser insgesamt zehn Institutionen existieren Ausbildungsprogramme ab der 5. bis zur 10. Schulklasse, zumeist in Kombination mit einem Internat. Eine weitere, die Folkwang Universität der Künste, kooperiert mit dem

Gymnasium Essen-Werden, das einen eigenständigen Fachbereich ›Tanz‹ besitzt.

Die Aufnahme kann in der Regel in jede Jahrgangsstufe erfolgen, wobei vorher eine Prüfung bestanden werden muss, in der besonders die körperlich-anatomische Eignung und das ästhetische Erscheinungsbild überprüft sowie die rhythmisch-musische und künstlerische Begabung und die tänzerische Vorbildung abgefragt werden. Dazu nimmt der Bewerber an einem seinem Alter angemessenen Training teil und wird – vor allem bei den Kindereignungstests – häufig auch von einem Orthopäden untersucht; Übungen zu Musikalität, Rhythmusgefühl, Ausdruck und Bewegungsphantasie können sich anschließen.

Der überwiegende Teil tänzerischer Vorausbildung wird aber von den privaten Ballett- und Tanzstudios geleistet, die (fast) überall direkt vor Ort zu finden sind. Wenn es um andere Tanzrichtungen als Ballett geht, wird man sogar nur dort fündig – oder aber im Kursprogramm von Jugendzentren, städtischen Musikschulen und anderen Bildungseinrichtungen, in Tanz- und Sportvereinen. Der Schüler entscheidet dann in der Regel selbst, wie intensiv er dort welchen Unterricht besucht, und stellt seine (Vor-)Ausbildung entsprechend zusammen. Wie fundiert das Training ist und wie gut und gezielt es auf den Tänzerberuf vorbereitet, variiert von Schule zu Schule stark. Was in vielen Fällen fehlt, ist eine individuelle Begleitung durch einen oder mehrere Pädagogen, die den Schüler kontinuierlich beobachten, beraten und bei Bedarf korrigierend eingreifen.

Ob staatliche oder private Vorausbildung, generell gilt: Jugendliche ab zwölf Jahren, die sich für andere Tanzformen als das Ballett interessieren, haben es schwer, ein seriöses Angebot zu finden. Erst später können sie sich in einem Vollzeitstudium im modernen und zeitgenössischen Bereich ausbilden lassen.

Für diejenigen, die nach Ende ihrer Schullaufbahn ausprobieren möchten, ob für sie tatsächlich ein Tanzstudium in Frage kommt, bieten einige private Schulen auch mehrmonatige Vorbereitungsprogramme in Vollzeit an, die auf das zeitgenössische Feld abzielen: so etwa die Tanzfabrik in Berlin oder bewegungs-art Freiburg.

II Die Tanzausbildung

Welche Tanzform dem einzelnen Kind liegt und in welchem Unterricht es am besten lernt, ist immer auch typabhängig. Sucht es nach klaren Strukturen und Formen und / oder liebt es den eigenen Bewegungsausdruck? Lernt es gut durch Anleitung von außen und vorgegebenes Material oder probiert es lieber etwas selbst aus? Ist es ihm wichtig, statt des ›Rumgehüpfes‹ etwas ›Richtiges‹ zu machen und mit seinen Bemühungen auch ernst genommen zu werden, wie es Victoria Kasprzak, Schülerin der Ballettschule des Hamburg Balletts, in dem TV-Beitrag *Der Traum vom Tanzen* formuliert?[3] Die Tänzerin und Choreographin Be van Vark, die seit vielen Jahren Kinder- und Jugendtanzkurse u. a. an der Berliner Etage und im Jugendzentrum Schlesische 27 leitet, hält es für sinnvoll, bei kleinen Kindern »über die Arbeit mit Phantasie ein kreatives Potenzial zu fördern, sodass sie auch einen Sinn für die Technik, die sie lernen, entwickeln und beides zusammenwächst. Und die Stimmung in der Gruppe ist entscheidend: Ich glaube, dass Kinder gut lernen, wenn sie an einem ›dritten Ort‹ sind, wo nichts peinlich ist, wo sie alles ausprobieren können. Wo es eine freie Lernatmosphäre gibt.«

Hängen Erfolg und Motivation auf der einen Seite von den Lehrern ab, so ist andererseits die Unterstützung durch die Eltern wesentlich. Sie stellen nicht nur die finanziellen Mittel zur Verfügung, sondern haben zumeist die Hand im Spiel, wenn es um die Wahl der Schule geht oder darum, den Empfehlungen der Lehrer zu folgen und das Kind häufiger trainieren zu lassen, in ein anderes Training zu bringen oder auf ein Internat zu schicken; sie fahren die Kinder womöglich zum Tanzstudio, begleiten sie zum Arzt und überlegen im besten Fall gemeinsam mit ihnen, welche alternativen Wege es gibt, wenn sich das Kind verletzt oder wegen seiner körperlichen Voraussetzungen nicht für bestimmte Tanzformen geeignet ist. Und sie bieten Halt außerhalb eines möglicherweise beengenden und belastenden Tanzschulkosmos, in dem die Kinder Lehrern und Erziehungssystemen psychisch stark ausgeliefert sind.

Darüber hinaus sollten die Eltern ein wachsames Auge auf die Qualifikation der Pädagogen haben. Zu den wichtigsten Voraussetzungen für einen guten Tanzunterricht gehört, dass der Lehrer die

Wachstumsprozesse und die körperlich-seelische Entwicklung von Kindern und Jugendlichen kennt und sein Training den individuellen Entwicklungsstufen seiner Schüler anpasst. Wer in jungen Jahren zeitweise eine schlechte Ausbildung hatte, wird wahrscheinlich später mit Überlastungsproblematiken zu kämpfen haben, die verhindern, dass er seine körperlichen Möglichkeiten voll nutzen kann. Für kompliziertere Bewegungselemente sind spezielle Vorübungen nötig, um die erforderlichen Muskeln etc. aufzubauen; ein gern zitiertes Beispiel ist der Spitzentanz. Die Tanzmedizinerin Liane Simmel weist darauf hin, dass die klassische Tanztechnik – wie viele moderne Techniken auch – »für den erwachsenen Körper konzipiert wurde. Das heißt, man muss die Kinder langsam dorthin führen. Und das wird in vielen Schulen nicht gemacht. Das führt zu Folgeerscheinungen wie Hüftgelenksbeschwerden oder Knietorsionen, ganz typische Probleme.«

Eine der schwierigsten Entwicklungsphasen ist sicherlich die Pubertät, in der aufgrund des Wachstumsschubs bereits Gekonntes unter Umständen neu erlernt werden muss und die Körperformen sich unvorhersehbar verändern. Dann ist vonseiten der Lehrer viel Fingerspitzengefühl gefragt. Unsicherheit und Unzufriedenheit sind an der Tagesordnung, und es braucht einiges, um die Schüler bei der Stange zu halten. Hinzu kommt der psychische Stress. Liane Simmel nennt ein Beispiel für den klassischen Tanz: »Viele körperliche Veränderungen bei Mädchen werden als negativ angesehen: Brüste, Formen und so weiter. Es gibt an den Schulen zum Teil immer noch dieses ›Dein Busen ist zu groß, du darfst nicht auf die Bühne‹. Dass das ein Kind in die Magersucht treiben kann, ist klar. Man muss sich das mal vorstellen: Diese Kinder sehen sich jeden Tag fast nackt im Spiegel. Das alleine ist schon eine große Herausforderung, dem eigenen kritischen Blick standzuhalten, und dem Blick des Lehrers. Wenn man dann noch böse Kommentare zu hören bekommt, ist das nur schwer auszuhalten.«

Tatsächlich geben viele Jugendliche in dieser Zeit das Tanzen auf. Nicht zuletzt, weil sich ihre Interessen verändern und der Druck der Peergroup zunimmt: Tanzen ist möglicherweise nicht mehr cool genug. Be van Vark hat für sich eine Lösung gefunden, um ihre Schüler zu motivieren: »In der Pubertät gibt es immer eine Lücke, sowohl was das Interesse der Jugendlichen am Tanz anbelangt als auch vom Angebot her. Für diejenigen, die den Kindertanzkursen entwachsen sind und weitermachen möchten, habe ich eine Nachwuchstanzgruppe gegründet. Da haben wir mit einem Breakdance-Lehrer angefangen und schmuggeln jetzt auch andere Tanzformen rein, bis hin zu klassischen Übungen. Die Jungs im Kurs zu halten ist ein besonderes Problem. Dafür war es mir wichtig, mit einem männlichen Lehrer zusammenzuarbeiten und viele Sachen zu machen, in denen Akrobatik, Kraft und Energie gefordert sind.«

Die tänzerische Ausbildung für Kinder und Jugendliche muss immer mit der allgemeinen Schulbildung zusammengehen. Intensives Training und Haupt- oder Realschulabschluss schließen sich in der Regel nicht aus; schwieriger wird es beim Abitur. Hier geraten die Schüler – und besonders die Schülerinnen – häufig wegen ihres Alters unter Druck, wenn sie nach der zehnten Klasse nicht direkt in eine Vollzeitausbildung wechseln. Doch je umfassender die schulische Bildung, desto entscheidungsfähiger und selbstständiger werden die Tänzer später sein. Und vielleicht auch besser vorbereitet auf eine Karriere nach dem Tanz. Nichtsdestotrotz drängt die Zeit, die Tanzkarriere ist kurz und ihre Vorbereitung steht zumeist erst einmal im Vordergrund.

Zwei der staatlichen Tanzhochschulen haben allgemeinbildenden Unterricht und professionelle Tanzausbildung innerhalb ihrer Institution miteinander verzahnt: die Staatliche Ballettschule Berlin und die Palucca Hochschule für Tanz Dresden. Hier können die Schüler parallel zu ihrer Tanzausbildung ihren Realschulabschluss erwerben bzw. in Berlin auch neben dem anschließenden Bachelor-Bühnentanzstudium die gymnasiale Oberstufe besuchen. Die anderen staatlichen Tanzinstitute, die tänzerische Vorausbildung im Programm haben, arbeiten mit örtlichen Realschulen und Gymnasien zusammen und bieten teilweise Hausaufgabenbetreuung und Mittagessen in ihren Räumlichkeiten an. Und parallel zu den daran anschließenden Bachelor-Studiengängen gibt es an einigen Akademien die

Möglichkeit, ein Abendgymnasium zu besuchen. Einen Sonderfall stellt das Gymnasium Essen-Werden dar, das Tanz als eigenen Fachbereich und damit eine eigenständige tänzerische Vorausbildung anbietet. Schülerinnen und Schülern, die ihre Vorausbildung an einer privaten Tanzausbildungsstätte absolvieren, bleibt es normalerweise selber überlassen, den allgemeinbildenden Schulunterricht und das Tanztraining zu koordinieren.

Ob einem das Lernen in zwei getrennten Blöcken – am Vormittag allgemeinbildende Fächer und am Nachmittag Tanz – leichter fällt als in mehrfachem Wechsel über den Tag verteilt; ob man lieber eine speziell für Tanzschüler eingerichtete Schule besucht oder es vorzieht, auch einmal aus Tänzerkreisen herauszukommen und sich mit ›tanzfremden‹ Schülern zu vermischen – das muss jeder Tänzeranwärter für sich selbst entscheiden, wenn er sich auf die Suche nach der passenden Schule macht.

Tanzausbildungsstätten

Die Wahl der passenden Schule

›Passen‹ kann eine Tanzausbildungsstätte in vielerlei Hinsicht: zu meinen künstlerischen und beruflichen Ambitionen, zu meinem Bewegungsstil, zu meinem Körper, zu meinem Lernmodus, zu mir als Person, zu meinen Idealen, Werten und Interessen, zu meiner momentanen finanziellen, örtlichen oder privaten Situation. Für die Suche kann es hilfreich sein, sich im Vorfeld mit folgenden Fragen auseinanderzusetzen:
- Wo sind die Tänzer, die mir gefallen, ausgebildet worden?
- Mit welchen Choreographen, mit welchen Kompanien würde ich gerne arbeiten? Und was für eine Ausbildung brauche ich dazu?
- Welche Schule unterhält Verbindungen zu den Choreographen, Künstlern und Kompanien, die mir gefallen?

II Die Tanzausbildung

Beim Filtern der Informationen zu den einzelnen Schulen bzw. Studiengängen, die man zum Beispiel aus dem Internet, Schulprospekten, Gesprächen und eigenen Beobachtungen beziehen kann, können folgende Überlegungen relevant sein:
- Bildet die Schule schwerpunktmäßig für die Tanzrichtung aus, die ich beruflich verfolgen möchte?
- Wo sind ihre Absolventen untergekommen?
- Wie grenzt sich die Schule mit ihrem Profil von anderen Ausbildungsstätten ab?
- Welche Fächer werden angeboten? Wie sieht der Stundenplan aus, und wo liegen die inhaltlichen Schwerpunkte? Das heißt: Was wird wie oft und in welcher Form unterrichtet (z. B. täglich oder wöchentlich, kontinuierlich oder in Blöcken bzw. in einzelnen Workshops)? Wie bauen die Studienjahre aufeinander auf?
- Welche Techniken verstecken sich konkret hinter den Bezeichnungen ›modern‹ und ›zeitgenössisch‹?
- Wie stark steht die Perfektionierung der Technik, wie sehr die Ausbildung der künstlerischen Persönlichkeit im Vordergrund? Welchen Stellenwert haben etwa Improvisations- und Kompositionsunterricht, Projektarbeit oder Erfahrungen mit verschiedenen choreographischen Arbeitsformen?
- Welches theoretische Wissen wird angeboten? In welchem Bezug steht es zur Tanzpraxis?
- Welche Rolle spielen gesundheitliche Aspekte, unter anderem die tanzmedizinische Aufklärung?
- Besteht die Möglichkeit zu interdisziplinärem Arbeiten durch Kooperation mit anderen Studiengängen bzw. Institutionen?
- Welche Dozenten unterrichten an der Schule und welchen Hintergrund haben sie? Haben sie eine längere Bühnenkarriere hinter sich und wissen damit aus eigener Erfahrung, wie der Berufsalltag aussieht? Welches Repertoire haben sie getanzt, mit wem haben sie gearbeitet? Sind sie noch künstlerisch aktiv? Wie sieht ihr Unterrichtsstil aus?
- Wer leitet die Schule bzw. den Studiengang? Inwieweit wird die Schule / der Studiengang von dieser Person geprägt?

- Handelt es sich bei den Gastdozenten um heute aktive Künstler? Besteht dadurch für die Schüler bzw. Studierenden die Möglichkeit, bereits Kontakte in die Berufsszene zu knüpfen?
- Kooperiert die Schule mit (einem) bestimmten Choreographen oder (einer) bestimmten Kompanie(n)?
- Wie ist die Ausbildungsstätte in ihr städtisches und kulturelles Umfeld eingebunden? Besteht eine Verbindung zum künstlerischen (Um-)Feld?
- Wie häufig haben Schüler bzw. Studierende die Möglichkeit, praktische Bühnenerfahrung zu sammeln? Handelt es sich dabei um Schulaufführungen oder wirken sie in professionellen Tanzaufführungen mit? Im Falle von Schulaufführungen: Welche Choreographien werden getanzt? Werden diese von den Choreographen bzw. deren Assistenten selber einstudiert?
- Wie werden eigene Projekte unterstützt?
- Welchen Ruf hat die Schule bzw. der Studiengang, und warum?

Darüber hinaus stellen sich Fragen zu den Rahmenbedingungen:
- Kann ich die Schule von meinem jetzigen Wohnort aus erreichen oder muss ich umziehen, möglicherweise sogar auf ein Internat gehen? Wie wichtig sind mir die Nähe zu meiner Familie und meinem Freundeskreis?
- Gefällt mir die Stadt, in der die Schule liegt? Bietet sie ein inspirierendes kulturelles Angebot?
- Wie lange dauert die Ausbildung?
- Was kostet der Unterricht bzw. das Studium? Ist die Schule staatlich anerkannt, können Beihilfen wie BAföG bezogen werden? Werden Stipendien vergeben?
- Was sind die Zulassungsvoraussetzungen?
- Welche tänzerische Vorerfahrung muss man mitbringen?
- Was für Lernbedingungen bietet die Schule? Wie groß sind zum Beispiel die Klassen? Wie individuell gestaltet sich die Betreuung, wie sieht das Verhältnis Lehreranzahl – Schüleranzahl aus?
- Welchen Abschluss kann man erwerben? Welche Weiterbildungs-

möglichkeiten erlaubt mir dieser Abschluss nach meiner Tanzkarriere?
- Im Falle der Vorausbildung: Gibt es eine integrierte allgemeinbildende Schulausbildung oder eine Kooperation mit bestimmten weiterführenden Schulen? Welche Möglichkeiten existieren, um neben der Tanzausbildung das Abitur zu machen? Ist ein Internat angeschlossen?

Ausschlaggebend bei der Schulwahl dürfte letztlich aber vor allem eins sein: Fühle ich mich dort wohl, habe ich das Gefühl, am richtigen Ort zu sein? Ohne einen Besuch der Schule lässt sich das schwerlich herausfinden. Dazu bietet zum Beispiel ein ›Tag der offenen Tür‹ Gelegenheit. Oder man erkundigt sich nach Möglichkeiten, beim Unterricht zuzuschauen oder mitzutrainieren. Außerdem lässt sich in Gesprächen mit Schülern bzw. Studierenden herausfinden, wie die Ausbildungsbedingungen – möglicherweise im Kontrast zur Selbstvermarktungsstrategie der Schule – tatsächlich aussehen. Einen besonders guten Eindruck vom Niveau einer Schule und der dort vermittelten Ästhetik erhält, wer die Schulaufführungen der verschiedenen Institutionen besucht und vergleicht. Hier lohnt es sich, genau hinzusehen: Würde ich an dieser Aufführung gerne mitwirken?

Um besser einschätzen zu können, welche weiterführende Ausbildung dem eigenen Leistungsstand entspricht und ob man für die Aufnahme in bestimmte Schulen die nötigen Fertigkeiten besitzt, sollte man sich möglichst immer mit seinen momentanen Tanzlehrern besprechen. Diese werden im besten Fall ihre Schüler an die passenden Schulen verweisen, ihnen aber auch von einer Tanzkarriere in einem angestrebten Bereich abraten, wenn sie dort keine Chancen sehen.

Letztendlich muss jeder angehende Tänzer ausprobieren, welche Ausbildung, welche Schule zu ihm passt – spätestens während der Aufnahmeprüfungstournee, die viele Bewerber jedes Jahr an Tanz(hoch)schulen in Deutschland, Europa oder sogar weltweit absolvieren. Sollte es bei der ersten Runde nicht klappen, drehen viele im Folgejahr eine zweite Runde und bewerben sich gezielter, wobei ihnen die Erfahrungen aus dem Vorjahr helfen können. Ingo Diehl, Professor für zeitgenössische Tanzpädagogik, meint: »Es ist nicht die Schule, die mich nimmt; ich bin derjenige, der entscheidet, an welche Schule ich gehe. Das ist eine grundsätzlich andere Haltung. Und ich glaube, die brauche ich auch, um später im Beruf bestehen zu können.«

Unterschiede zwischen staatlichen und privaten Ausbildungsstätten

Private Schulen sind wirtschaftlich stärkeren Zwängen ausgesetzt, da sie keine staatlichen Subventionen erhalten: Dieser grundlegende Unterschied zwischen staatlichen und privaten Schulen bedingt eine Reihe von Besonderheiten beider Schulformen. Für die Schüler heißt das, dass sie entweder die vergleichsweise niedrigen Semestergebühren der staatlichen Schulen zahlen und BAföG beziehen können oder dass sie hohe Ausbildungskosten privater Anbieter tragen und möglicherweise auf eine Studienbeihilfe verzichten müssen, was häufig zur Doppelbelastung Geldverdienen plus Tanzunterricht führt. Im besten Fall können Stipendien weiterhelfen.

Im deutschsprachigen Raum finanzieren sich private Schulen in der Regel hauptsächlich über ihre Kurse und Workshops für Laien. Auch in den Ausbildungsklassen sind sie auf eine bestimmte Anzahl von Schülern angewiesen, um ein hochwertiges Programm anbieten zu können. Gute private Schulen werden nicht nur auf möglichst hohe Einnahmen, sondern auch auf möglichst hohe Qualität setzen: Sie haben einen Ruf zu verlieren. Je besser der Ruf, desto größer die Anzahl der Bewerber, unter denen sich die Schulen die besten mit den größten Karrierechancen aussuchen können, und desto mehr Einnahmen können in einen guten Unterricht reinvestiert werden, was wiederum für eine hohe Reputation sorgt, und so weiter. (Nehmen umgekehrt die Bewerberzahlen ab, muss wegen der geringeren Einnahmen der Unterricht gekürzt werden, die Qualität der Ausbildung leidet; dies spricht sich herum, wodurch es für die Schule schwierig wird, gute Schüler zu gewinnen – ein Teufelskreis.) Entsprechend müssen die privaten Schulen eine Mischkalkulation betreiben: Wie viele Schüler müssen in die Ausbildungsklassen aufgenommen werden, um meine Kosten zu decken? Wie klein können andererseits die Klassen sein, um eine möglichst intensive Betreuung und damit einen möglichst hochwertigen Unterricht zu gewährleisten? Wo werden die Altersgrenzen im Vergleich zu den staatlichen Schulen gesetzt, sodass auch Schüler akzeptiert werden können, die für die Ausbildung in gewissen staatlichen Studiengängen schon zu alt sind? Und wie bringt man den Laienbereich und die Berufsausbildung zusammen – oder trennt beides bewusst? Besonders in der Vorausbildung besuchen Hobbytänzer und solche mit beruflichen Ambitionen häufig dieselben Klassen, was zu sehr unterschiedlichen Standards innerhalb der Gruppe führen kann. Einige Schulen versuchen, diese Problematik durch Förderklassen für die ernsthaft interessierten Schüler aufzufangen.

Was die Fähigkeiten der Lehrer oder der Schulleitung anbelangt, müssen sich staatliche und private Schulen keinesfalls unterscheiden. Nur macht auch hier der finanzielle Aspekt den privaten Anbietern das Leben schwerer: Es ist kaum verwunderlich, dass sich mehr qualifizierte Bewerber für eine feste Stelle an einer Hoch- oder Berufsfachschule interessieren als für eine im Zweifelsfall prekäre Arbeit auf Honorarbasis und ohne soziale Absicherung. Auf der anderen Seite sind die staatlichen Schulen durch ihre festen Professorenstellen, deren Lehrdeputat sie ausreizen müssen, möglicherweise weniger flexibel als private Schulen, wenn es darum geht, Gastlehrer für Arbeitsblöcke und speziellen Unterricht einzuladen und den Stundenplan entsprechend umzugestalten. Es ist daher – auch dank der angebundenen Laienkurse – durchaus möglich, dass die Angebotspalette an den privaten Schulen breiter ist und man hier Tanzrichtungen findet, die an den staatlichen Ausbildungsstätten nicht gelehrt werden.

Dass die meisten privaten Anbieter im Gegensatz zu den staatlichen darauf angewiesen sind, gerade in der Vorausbildung auch Schüler ohne berufliche Absichten in den Kursen zu halten, wirkt sich nicht zuletzt auf die Unterrichtsgestaltung aus. Julia Bouriakova, Leiterin eines privaten Ballettstudios, formuliert es so: »Jedes kleine Mädchen will Prinzessin sein und ein bisschen Ballett machen; aber wenn es die Erfahrung macht, dass das Tanzen Arbeit bedeutet, hat es keinen Spaß mehr daran und kommt nicht wieder. Deshalb muss man als Lehrerin einen Kompromiss finden zwischen Spaß und Arbeit, man muss alles spielerisch servieren. Das Problem ist nur: Wenn ein Kind und auch die Eltern ernsthafte Absichten haben, dann muss man ganz anders unterrichten.«

Gerade für den klassischen Tanz ist es nötig, ein stabiles Fundament zu legen, schrittweise aufzubauen, Übungen ständig zu wiederholen, anatomisch richtig zu strecken und zu dehnen und die korrekte Haltung einzuüben, um späteren Verletzungen vorzubeugen. Der Zwang, die Launen der Kinder und häufig auch ihrer Eltern zu befriedigen, kann also seinen Teil zu einem unsachgemäßen Training beitragen, wie es leider an einigen Schulen zu finden ist. Es hängt vom Können der Pädagogen ab, ob sie es schaffen, ein solides Training anzubieten, das gleichzeitig motiviert.

Andererseits findet man an den privaten Schulen möglicherweise mehr Innovationsfreude, was die Unterrichtsgestaltung angeht. Tänzer, die privat (vor)ausgebildet wurden, berichten häufig, dass sie dort neuartige Unterrichtsmethoden und Lernkonzepte vorgefunden haben, die ihnen besonders lagen und die es so an staatlichen Schulen nicht gab. Neue Ideen können im privaten Bildungssektor schneller umgesetzt werden als in den schwerfälligeren staatlichen Institutionen.

Die Frage, welche der beiden Schulformen die bessere ist, lässt sich pauschal also nicht beantworten; jede hat ihre Vor- und Nachteile. Sicherlich verstecken sich die schwarzen Schafe eher im – wesentlich größeren – privaten Sektor, zumal die Berufsbezeichnung ›Ballettpädagoge / Tanzpädagoge‹ nach wie vor nicht geschützt ist und theoretisch jeder unterrichten bzw. eine Schule eröffnen kann. Es ist leicht, mit den Träumen junger Leute zu spielen, falsche Hoffnungen zu wecken und damit Geld zu verdienen; unseriöse Anbieter versprechen auf dem Papier häufig mehr, als sie in der Praxis halten können. Letztendlich hilft es nur, sich jede in Frage kommende Schule genau anzusehen und zu prüfen, ob sie zum eigenen (Lern-)Typ und zu den eigenen Zielen passt – egal ob privat oder staatlich.

Inhalte der Vollzeitausbildung

In Deutschland kann man zurzeit an zehn staatlichen Schulen – an acht Hochschulen und zwei Berufsfachschulen – Tanz studieren; daneben bietet der private Sektor ein breites Angebot. Allein der Blick auf die staatlichen Studiengänge zeigt, wie unterschiedlich eine professionelle Vollzeitausbildung gestaltet sein kann.

Fünf der staatlichen Institute haben ihren Schwerpunkt auf den klassisch-akademischen Tanz gelegt und unterrichten diesen nach der Waganowa-Methode. Ziel ist bei allen die Ausbildung von klassischen Tänzern primär für Ballett- und Tanzkompanien an Staats- und Stadttheatern. Entsprechend nehmen das Klassisch-Training und Fächer wie Pas de deux, Spitze, Pirouetten / Sprungtechnik, Ballett-Variationen und -Repertoire sowie Charaktertanz / Folklore mindestens zwei Drittel der Unterrichtszeit ein; die restliche Zeit bleibt modernem bzw. zeitgenössischem Tanz, Jazz, Komposition oder Improvisation und den theoretischen Fächern (üblicherweise Anatomie, Musik- und Tanztheorie bzw. -geschichte oder Kunst- und Kulturtheorie) vorbehalten. All diese Schulen bieten als Vorstufe zum Studium eine professionelle Teilzeitausbildung ab der 5. Klasse an, zum Teil auch Kinderklassen für die noch Jüngeren.

Die beiden Berufsfachschulen, die Stuttgarter John Cranko Schule und die Ballettschule des Hamburg Ballett, wurden ins Leben gerufen, um Nachwuchs für die renommierten Kompanien auszubilden, denen sie angeschlossen sind: das Stuttgarter Ballett und das Hamburg Ballett von John Neumeier. Folglich ist das Studium auch von der Tradition der Kompanie und der Handschrift des jeweiligen Ballettintendanten geprägt, der die Studierenden zumeist persönlich kennt. Diese werden in die Proben und Vorstellungen der Ensembles eingebunden und erleben so, wie ein Tänzeralltag aussehen kann.

Neben dem Bereich ›klassischer Tanz‹ bietet die John Cranko Schule als praktische Fächer auch zeitgenössischen Tanz und Improvisation an, während die Hamburger Schule modernen Tanz und Tanzkomposition im Angebot hat. Anders als die sechs- bis achtsemestrigen Bachelor-Studiengänge an den Hochschulen dauert die Vollzeitausbildung an diesen beiden Schulen nur zwei Jahre.

Die Akademie des Tanzes an der Staatlichen Hochschule für Musik und Darstellende Kunst Mannheim ist nicht direkt einem Ensemble angegliedert, doch gibt es auch hier dank Birgit Keils Doppelrolle als Leiterin der Schule und Direktorin der Ballettkompanie des Badischen Staatstheaters Karlsruhe Verbindungen zu einem Theater. Neben Auftritten mit der Kompanie besteht unter anderem die Möglichkeit, im Anschluss an ein Bachelor-Tanzstudium ein aufbauendes Master-Jahr ›Tanz / Bühnenpraxis‹ zu absolvieren, das einem Berufspraktikum bei diesem Ensemble ähnelt. Auch hier konzentriert sich die Ausbildung auf das klassisch-akademische Feld; zusätzlich gibt es Unterricht in modernem Tanz und Jazz.

Die Staatliche Ballettschule Berlin und Schule für Artistik setzt ihren Schwerpunkt ebenfalls auf das Ballett, hat den ergänzenden Kanon praktischer Fächer aber etwas ausgeweitet. Neben modernem Tanz, Jazz und historischen Tänzen stehen Improvisation und Komposition auf dem Stundenplan. Laut Schulleitung sollen die Studierenden am Ende selbst entscheiden können, ob sie ein Engagement an einem Stadt- oder Staatstheater, bei einem Show- oder Fernsehballett, einem Tournee- oder Musicalensemble antreten. Bühnenerfahrung durch Schulaufführungen oder durch Auftritte mit kooperierenden Kompanien spielt eine wichtige Rolle, ebenso das Erarbeiten neuer Stücke mit Gastchoreographen. Spezifisch für die Berliner Ausbildung ist die Kombination von allgemeinbildender Schule und Berufsausbildung zum Tänzer: Parallel zum Bachelor-Studium Bühnentanz kann das Abitur erworben werden; die theoretischen Fächer und das praktische Tanztraining wechseln sich über den Tag hinweg ab.

An der Ballett-Akademie der Hochschule für Musik und Theater München bleibt der klassische Tanz nach Waganowa auch unter dem neuen Schulleiter Jan Broeckx ganz klar wichtigster Bestandteil des Studiums, doch soll die Ausbildung die Tänzer gleichzeitig auf einen Berufsmarkt vorbereiten, der ihnen verschiedenste Bewegungsmuster und -qualitäten abverlangt und auf dem sie zu kreativen Partnern der Choreographen werden. Den Bereich klassischer Tanz ergänzen historischer und moderner bzw. zeitgenössischer Tanz; in den Fächern Bühnenpraxis und Repertoire machen sich die Studierenden mit Improvisation und Komposition vertraut und lernen unterschiedliche choreographische Prozesse und Handschriften kennen. Als »zeitgemäße Ballettausbildung« tritt der Studiengang dabei vor allem durch eine bestimmte Denkweise und Methodik hervor. Laut Studienordnung besteht zum Beispiel ein Ziel des Studiums in der Schulung der »Körperwahrnehmung« sowie in der »selbständige[n] und sinnvolle[n] Verknüpfung unterschiedlicher Tanztechniken«. Und dem physiologischen Aspekt des Tanzens wird ein vergleichsweise hoher Stellenwert eingeräumt, was sich u. a. in Unterrichtsangeboten wie Tanzspezifisches Körpertraining und Tanzmedizin widerspiegelt.

Die anderen fünf staatlichen Ausbildungsstätten zielen primär auf den Beruf des zeitgenössischen Tänzers ab. Dabei nimmt die Palucca Hochschule für Tanz Dresden eine Art Zwischenstellung zwischen zeitgenössischer und klassischer Szene ein. Auf der einen Seite beruft sie sich mit ihrer Geschichte und dem Namen ihrer Gründerin und langjährigen Leiterin Gret Palucca auf die deutsche Tanzmoderne. Dies zeigt sich auch im Konzept der Schule: Der »Entfaltung des Individuums« kommt dort eine zentrale Rolle zu; die Studierenden sollen mit den gelernten Techniken spielen und experimentieren. Entsprechend große Bedeutung hat der Improvisationsunterricht. Auf der anderen Seite wurde unter dem jetzigen Direktor Jason Beechy die Klassik nach Waganowa innerhalb des Unterrichtsplans sehr gestärkt, und tatsächlich wird Paluccas Tanzstil an der Schule nicht mehr gelehrt, seit die letzte in dieser Tradition stehende Pädagogin ausgeschieden ist. Der Unterricht verteilt sich relativ gleichmäßig auf den klassischen und den modernen/zeitgenössischen Bereich, auch in der Vorausbildung ab der 5. Jahrgangsstufe, die die

Palucca Hochschule ebenfalls anbietet. Täglich finden nacheinander ein klassisches und ein modernes bzw. zeitgenössisches Training statt, dann folgen Fächer wie Pas de deux, Spitze/Sprünge, Variationen, Improvisation, Komposition, Kontaktimprovisation, Pilates oder Yoga und die Theoriefächer. Gewünscht wird laut Selbstdarstellung, dass »die Grenzen zwischen klassischem Tanz, Improvisation und zeitgenössischem Tanz verschwinden«, um zu neuen Formen künstlerischen Ausdrucks zu gelangen.

Auch die Wurzeln des Instituts für Zeitgenössischen Tanz (IZT) der Folkwang Universität der Künste Essen reichen in die deutsche Moderne der 1920er-/30er-Jahre zurück, und anders als an der Palucca Hochschule durchdringt hier die mit dem Gründer Kurt Jooss verbundene Tradition nach wie vor den Unterricht. Nicht »Tänzer auszubilden, sondern tanzende Menschen« lautet das dazu passende Leitmotiv der Schule. Entsprechend liegt der Fokus primär auf der Persönlichkeit der Studierenden und dann erst auf der Technik; die Studierenden sollen Raum erhalten, ihre individuelle tänzerische Sprache zu entwickeln. Viele der Fächer beziehen sich auf den Folkwang-Stil – nicht zuletzt deshalb, weil ein Großteil der Dozenten selber diese Schule durchlaufen hat oder als Mitglieder von Pina Bauschs Wuppertaler Tanztheater mit dieser Tradition in Berührung kam. Neben dem täglichen klassischen Training und dem Folklore-/Flamenco-Angebot nimmt daher der moderne bzw. zeitgenössische Unterricht großen Raum ein. Er verteilt sich auf drei Module: Techniken, Improvisation und sogenannte Hilfstechniken (u. a. Alexander-Technik, Feldenkrais). Das besondere Folkwang-Interesse an den Grundprinzipien menschlicher Körperbewegung zeigt sich beispielsweise im Theoriefach ›Bewegungsnotation/Bewegungsanalyse‹, das auch als eigenständiger Aufbaustudiengang angeboten wird.

Im Studiengang Zeitgenössischer und Klassischer Tanz (ZuKT) der Hochschule für Musik und Darstellende Kunst Frankfurt am Main konzentriert man sich sowohl auf den zeitgenössischen als auch auf den klassischen Bereich. Die Studierenden sollen Bewegungsprinzipien beider Tanzrichtungen verinnerlichen und sich damit eine große Bandbreite an Ausdrucksmöglichkeiten aneignen;

erst im dritten Jahr können sie einen Bereich als Schwerpunkt wählen. Da das Studium sowohl auf den Tänzerberuf an Stadttheatern als auch in der freien Szene vorbereitet, ist sein Ziel, dass sich die Studierenden zu selbstständigen und selbstbewussten Tänzerpersönlichkeiten entwickeln, die sich in choreographische Prozesse einbringen können. Auf die technische Seite wird durchaus großer Wert gelegt: Der klassische Bereich umfasst neben dem täglichen Training auch Fächer wie Spitze / Männertraining und Pas de deux sowie Folklore; der Unterricht in zeitgenössischem Tanz setzt seinen Fokus auf Release, Modern Dance, Kontaktimprovisation und Improvisation. Beeinflusst ist der Unterricht u. a von den Ideen William Forsythes, der auch eine Honorarprofessur an der Abteilung innehat; ehemalige und aktive Mitglieder seiner Kompanie gehören zum Dozententeam. Als optionale Fächer werden zum Beispiel Yoga, Feldenkrais oder Body-Mind Centering angeboten. Theorie wird oftmals in Form von Reflexion im praktischen Unterricht vermittelt; zudem gehören über das gängige Angebot hinaus kreatives Schreiben, wissenschaftliches Arbeiten und Trainingswissenschaften zum Lehrplan. Einen großen Raum erhalten im Fachbereich ZuKT die Projektarbeit mit Gastchoreographen und die Entwicklung eigener Projekte sowie die anschließenden Aufführungen.

Ein zentrales Merkmal der Ausbildung am Zentrum für Zeitgenössischen Tanz der Hochschule für Musik und Tanz Köln ist die Verbindung von Tanztechnik und theoretischer wie praktischer Reflexion. Die Absolventen sollen laut Selbstdarstellung auf die sowohl an Stadttheatern wie auch in freien Ensembles geforderte »Vielseitigkeit, Flexibilität« und »Reflexivität« reagieren können; die Hochschule möchte die Studierenden dabei unterstützen, ihre »individuelle künstlerische Identität zu finden«. Etwa ein Viertel der Ausbildung ist theoretischen Fächern gewidmet, die zum Beispiel in den Modulen ›Tanzwissenschaft / tanzwissenschaftliches Arbeiten‹, ›Musikstudien‹ und ›Berufsinformation‹ zu finden sind; in Unterrichtseinheiten wie ›Künstlerisches Forschen‹, ›Körperwissen‹ und ›Interdisziplinäre Projekte‹ verschmelzen Theorie und Praxis. Grundlage bildet dabei das tägliche Training im klassischen, modernen und zeitgenössischen Tanz. Fächer wie Spitzentanz, Repertoire und Partnering, Komposition und Improvisation kommen hinzu. Körperbewusstsein wird zusätzlich in Angeboten wie Alexander-Technik, Pilates oder Feldenkrais gelehrt, und auch Kontaktimprovisation, Gesang und Schauspiel können belegt werden. Wichtiger Bestandteil des Studiums sind Aufführungen und Projektarbeiten, in denen die Studierenden unterschiedliche Arbeitsweisen zeitgenössischer Choreographen kennenlernen oder eigene Choreographien entwickeln.

Die jüngste Einrichtung, das Hochschulübergreifende Zentrum Tanz (HZT) Berlin, möchte eine Lücke im Ausbildungsangebot schließen, indem es vor allem auf die Tätigkeit in der zeitgenössischen freien Szene vorbereitet. Der Name des Bachelor-Studiengangs ›Zeitgenössischer Tanz, Kontext, Choreographie‹ deutet bereits zwei grundlegende Ansätze dieses Konzeptes an: Zum einen lässt sich Tanzen und Choreographieren heute nicht immer klar trennen, weshalb die Ausbildung stark auf die Entwicklung des kreativen Potenzials und künstlerischen Profils der Studenten setzt. Zum anderen nimmt das Nachdenken über die eigene tänzerische Praxis in unterschiedlichen philosophischen, sozialen oder politischen Kontexten einen wichtigen Raum ein. Entsprechend ist das »Ziel des Studiengangs […], Künstler und Künstlerinnen auszubilden, die ihre eigenen Vorstellungen und ihren Begriff der Kunstform Tanz klar artikulieren und umsetzen können«, wie es in der Selbstdarstellung heißt. Die Studierenden kommen aus unterschiedlichen künstlerischen Bereichen, nicht notwendigerweise aus dem Tanz. Am HZT werden keine Bühnentänzer im traditionellen Sinne ausgebildet, sondern Künstler, die im weitesten Sinne mit Bewegung arbeiten: vom Tänzer, Choreographen und Performer bis zum Produktionsmanager, Kurator oder Pädagogen. Das Angebot an Tanz- und Bewegungstechniken basiert auf dem Gedanken, dass die Studierenden ihren eigenen Körper und seine Bewegungsprinzipien wirklich kennen und verstehen lernen sollen: Zeitgenössisches Training, Body-Mind Centering, Klein Technique, Yoga, Aikido, Kontaktimprovisation und Ähnliches stehen zur Wahl, aber auch Ballett für zeitgenössische Tänzer. Improvisation, Komposition und Gruppenarbeit werden an dieser Ausbildungsstätte ganz groß geschrieben als unerlässliches Handwerkszeug bei der eigenständigen Entwicklung neuer Stücke, die ihrerseits im Curriculum viel Raum einnimmt. Zum theoretischen bzw. theoretisch-praktischen Angebot gehören u. a. Bewegungsanalyse und Körpertheorien, Kunsttheorie, angewandte Anatomie, Dramaturgie, Schreibpraxis, Produktions-, Kommunikations- und Förderstrukturen für künstlerische Projekte.

Das vorgestellte Spektrum an Ausbildungsrichtungen und Unterrichtsmodulen, das die staatlichen Institutionen abdecken, kann als relativ repräsentativ für die Ausbildungslandschaft in Deutschland gesehen werden. Viele private Schulen sind ähnlich ausgerichtet. Gleichzeitig bieten sie aber eine deutlich breitere Palette, etwa wenn es um die Schwerpunkte amerikanischer Modern Dance, Jazz oder Musical-Tanz[4], ethnische Tänze, Hip-Hop oder Street Dance geht. Private Schulen bedienen somit bestimmte Nischen und/oder offerieren zusätzliche inhaltliche und konzeptuelle Alternativen.

Bei der Suche nach einem passenden Ausbildungsprofil lohnt zudem der Blick ins Ausland, zumal Tänzer ohnehin sehr international orientiert sind, in der Ausbildung ebenso wie später im Beruf. Gerade auf Studienniveau sammeln sich in den Klassen Schüler unterschiedlichster Nationalitäten. Beliebte Ziele für eine zeitgenössische Ausbildung sind in Europa zum Beispiel die Niederlande und Belgien, daneben auch England und Frankreich, allesamt Länder, in denen viele international renommierte zeitgenössische Choreographen und Kompanien zu Hause sind. Möchte man bestimmte moderne bzw. postmoderne Techniken intensiv studieren, bietet sich eine Stadt wie New York an, die in dieser Hinsicht mit einem »riesigen Selbstbedienungsladen« verglichen wurde, der nicht von Institutionen gedeckelt wird.[5] Wenn der Ausbildungsschwerpunkt Richtung Community Dance gehen soll, wird man besonders in England fündig. Und wer es wirklich ernst mit dem Tanzen in der Musikbranche meint, ist wahrscheinlich in Los Angeles besser aufgehoben als in Deutschland, nicht zuletzt wegen der Kontakte, die man dort direkt in den großen Markt vor Ort knüpfen kann.

Die Aufnahmeprüfung

Tanzausbildungsplätze sind heiß begehrt, und so stellt die Aufnahmeprüfung für eine Vollzeitausbildung für viele die entscheidende Hürde für den weiteren Verlauf ihrer Tanzkarriere dar. Spätestens zu diesem Zeitpunkt konkurriert man mit Bewerbern aus aller Welt; der durchschnittliche Anteil von deutschsprachigen Studierenden in den Abschlussklassen der staatlichen Ausbildungsstätten in Deutschland liegt zwischen einem Viertel und einem Drittel.

Die Voraussetzungen für die Bewerbung sind an jeder Schule anders. So zum Beispiel auch die obere Altersgrenze, die an den klassischen Schulen generell niedriger liegt als an den zeitgenössischen. Bevor man zu einer Eignungs- oder Aufnahmeprüfung eingeladen wird, muss eine schriftliche Anmeldung eingereicht werden, die in der Regel Auskünfte zur Schullaufbahn, zur tänzerischen Vorbildung und zu bisherigen Bewerbungen an Tanzausbildungsstätten enthält und der ein Lebenslauf, Zeugniskopien, ein ärztliches Attest, ein Beleg über die Einzahlung der Prüfungsgebühr u.a. beizufügen sind. Bis auf wenige Ausnahmen, die bereits anhand dieser schriftlichen Bewerbungen und der angeforderten Arbeitsproben, Texte oder Fotos aussortieren, ist die praktische Aufnahmeprüfung entscheidend. (Anmeldeformulare und nähere Informationen zu den Bewerbungsvoraussetzungen finden sich auf den Homepages der Schulen.)

Ablauf

Für eine Vollzeitausbildung im klassischen Bereich besteht die typische Zulassungsprüfung aus einem klassischen Training und – zumeist – einem modernen Training. In einigen Fällen wie zum Beispiel an der Staatlichen Ballettschule Berlin wird außerdem die Präsentation einer klassischen Variation oder wahlweise die Teilnahme an einer Improvisation verlangt sowie in einem Theorietest Wissen zu Tanz- und Kunstgeschichte, Musik und Literatur abgefragt.

Den Abschluss bilden normalerweise Einzelgespräche mit den Kandidaten, die in die engste Auswahl gekommen sind.

An den zeitgenössisch ausgerichteten Schulen sieht der Prüfungsaufbau ähnlich aus. Auch hier steht fast immer ein klassisches Training an erster Stelle, gefolgt von einem modernen oder zeitgenössischen Training, an das sich – anders als bei den klassischen Ausbildungsstätten – typischerweise eine oder mehrere Improvisationen bzw. choreographische Aufgaben anschließen. Ausnahmen bestätigen die Regel: An einigen Institutionen fehlt das klassische Training und wird durch ein rein zeitgenössisches ersetzt. Oder anstelle des modernen / zeitgenössischen Trainings finden – wie am ZuKT in Frankfurt – Folklore-Rhythmus-Übungen statt. Das Einzelgespräch am Ende ist an den meisten dieser Schulen ausdrücklich Teil der Prüfung. Für die Ausbildung an den privaten modernen bzw. zeitgenössischen Schulen muss häufig auch ein Jazz-Training durchlaufen werden.

Einige staatliche deutsche Schulen wie die Folkwang Universität der Künste oder das HZT Berlin verlangen ebenso wie viele private zeitgenössische Ausbildungsstätten im deutschsprachigen Raum, in den Niederlanden oder England, dass die Bewerber ein Solo von durchschnittlich zwei bis drei Minuten Länge vorbereitet haben und präsentieren – ein Prüfungsschritt, der teilweise die Improvisation ersetzt.

Die Schul-Auditions unterscheiden sich deutlich in ihrer Länge: Während die klassisch ausgerichteten Aufnahmeprüfungen in der Regel nur einen Tag beanspruchen, ziehen sich die zeitgenössischen gerne über mehrere, bis zu vier Tage hin und sind zum Teil in eine Vorauswahlrunde und verschiedene Endauswahlrunden, die einige Wochen später stattfinden können, unterteilt. Häufig ist die Prüfung in drei Runden gegliedert. Ausgewählt wird entweder nach jedem einzelnen Training bzw. Baustein, nach einer kompletten Runde oder einem Tag.

Gerade die zeitgenössischen Prüfungen variieren von Schule zu Schule stark. Auf die Trainings folgen meist mehrere Phasen, in denen die Lehrenden mit den Bewerbern, die noch im Rennen sind, immer intensiver und auf zunehmend höherem Niveau arbeiten. Die Bewegungsaufgaben – auch die Arbeit am Solo – sehen dabei sehr unterschiedlich aus. Improvisation kann zum Beispiel heißen, auf imaginierte Bilder, Musik, Rhythmen etc. zu reagieren. Es kann bedeuten, mit dem Material einer neu einstudierten Bewegungsfolge zu spielen, seine Raumrichtungen, Zusammenhänge, Timing, Qualitäten und Bestandteile zu verändern. Es kann sich aber auch um Partner- oder Gruppenaufgaben handeln, wie etwa am HZT Berlin: Dort kreieren die Bewerber Kombinationen, indem sie Impulse und Bewegungsfragmente anderer Personen im Raum aufgreifen und sie in die eigenen Sequenzen integrieren; anschließend wird versucht, das Material in der Gruppe zu etwas Gemeinsamem zusammenzubauen.

Während manche Prüfungen von den Bewerbern als Massenabfertigungen empfunden werden, in denen eine große Anzahl von Kandidaten mit Nummern auf Brust und Rücken gegeneinander antritt, können andere sehr persönlich wirken, wenn die Bewerber in kleinen Gruppen miteinander arbeiten und Namen statt Nummern auf ihren T-Shirts tragen. Auf den Wohlfühlfaktor wird von Schule zu Schule unterschiedlich viel Wert gelegt. Ein positives Beispiel bietet die London Contemporary Dance School: Hier begrüßt man die Kandidaten mit einer auflockernden Ansprache und stellt ihnen Studierende zur Seite, die ihnen die Schule zeigen und für alle Fragen offen sind.

Aufnahmekriterien

So vielfältig wie die Ausbildungsziele und der Ablauf der Prüfungen sind auch die Aufnahmekriterien der einzelnen Schulen. Für die klassische Ausbildung existiert eine Art Katalog, der festlegt, welche Elemente der Balletttechnik die Schüler in welchem Alter bzw. auf welcher Unterrichtsstufe beherrschen müssen. Das technische Niveau lässt sich daher verhältnismäßig einfach überprüfen. Auch die formalisierten modernen Techniken lassen sich anhand der Bewältigung einschlägiger Bewegungsvokabeln und -qualitäten abfragen. Ebenso kann die körperliche Eignung anhand klarer Merkmale bestimmt werden. Jan Broeckx, Leiter der Ballett-Akademie der Hochschule für Musik und Theater München, benennt die Aufnahmekriterien seiner Institution wie folgt: »Bei Kindern und Jugendlichen geht es um die physischen Voraussetzungen – Füße, Knie, Auswärtsmöglichkeiten der Hüfte, Gelenkigkeit – und um Musikalität. Diese Voraussetzungen gelten natürlich in gleicher Weise für die Studierenden im Vollstudium, erwartet wird dazu aber auch noch künstlerischer Ausdruck.« Interpretationsfähigkeit, Ausdrucksvermögen und Improvisationstalent gehören ebenfalls zu den im klassischen Bereich gewünschten Eigenschaften. Entscheidende Faktoren sind hier aber auch das Gewicht (bei Frauen), die Körpergröße sowie das ästhetische Erscheinungsbild.

In den zeitgenössischen Ausbildungen ist man in der Regel nicht so sehr auf ein bestimmtes körperliches Ideal festgelegt; dafür wird mehr Wert auf die Persönlichkeit, auf den individuellen Charakter gelegt. Außerdem zählen – neben den physischen Voraussetzungen und dem tanztechnischen Stand – das Verhalten in der Gruppe und das eigene kreative Gestalten stärker. Reaktionsfähigkeit, Flexibilität, Aufnahmefähigkeit, Musikalität und Bewegungsphantasie werden von den Schulen gleichfalls häufig gefordert. Mitunter spielen auch Allgemeinbildung und Reflexionsvermögen eine entscheidende Rolle. Für das HZT Berlin beispielsweise formuliert es die Geschäftsführende Direktorin Eva-Maria Hoerster so: »Wir sehen uns an, wie jemand mit seinem Körper umgeht, wie rezeptiv er ist. Wir achten besonders darauf, wie jemand mit seinem Körper auf bestimmte Fragestellungen antwortet. Es geht zum Teil um das physische Engagement, ebenso aber um ein kreatives bzw. kompositorisches; dann auch um ein theoretisches und darum, wie man über das eigene Tun oder das der anderen spricht.«

Einige Schulen nehmen mit Absicht sehr unterschiedliche Personen auf, die aus allen möglichen Kulturen kommen und von jeweils anderen Lernsystemen geprägt sind. Oder die ihre tänzerischen Vorerfahrungen in verschiedenen sozialen Umfeldern gesammelt haben, die zum Beispiel Ballett oder aber Street Dance trainiert haben – oder auch etwas, das mit keiner Tanztechnik zu tun hat. Roman Arndt, Lehrkraft für besondere Aufgaben am IZT der Folkwang Universität: »Wir haben auch Leute hier, die wenig Tanzerfahrung mitbringen, die dann aber in den drei bis vier Etappen der Audition sehr intensiv einsteigen und das Gehörte umsetzen können. Das ist auch schön. Schwierig ist es dann, wenn jemand viel Tanzerfahrung hat, aber nicht mehr in der Lage ist, das bereits Gelernte zu hinterfragen. Wichtig ist außerdem, dass ein Kandidat nicht nur imitiert, sondern mit seiner ganzen Person hinter einer Bewegung steht.«

Das Geschlecht der Bewerber spielt bei den meisten Schulen offiziell keine Rolle; trotzdem wird für die Gruppenbildung ein in etwa ausgeglichenes Verhältnis von Männern und Frauen angestrebt. Ein wichtiges Kriterium für eine Zusage oder Ablehnung kann sein, wie gut jemand in eine bestimmte Gruppenkonstellation aus anderen Bewerbern passt – gerade bei Ausbildungsstätten, wo im Unterricht viel in der Gruppe gearbeitet wird.

Während manche Institutionen einen schulinternen Kriterienkatalog aufgestellt haben, machen andere dem Auswahlgremium absichtlich keine Vorgaben. Roman Arndt berichtet zum Beispiel von der Folkwang Universität: »Wir Dozenten diskutieren, argumentieren aus unserer Erfahrung heraus, was für Potenzial wir jeweils in den einzelnen Leuten sehen, wo man ansetzen kann, um mit ihnen zu arbeiten. Es ist eine stark menschliche, sehr individuelle, aber auch eine sehr professionelle Beobachtung und Beurteilung.«

Stimmen aus der Praxis

»Wenn ich meine Schüler auf die Prüfungen an den staatlichen Ballettschulen vorbereite, trainiere ich neben technischen Fertigkeiten vor allem ihre Ausdruckskraft und ihr Gestaltungsvermögen. Was in den Prüfungen vor allem sichtbar werden muss, ist die Liebe zum Tanz und der Spaß an tänzerischer Darstellung.«
(Angela Reinhardt, Ballettdozentin u. ehemalige Erste Solotänzerin)

II Die Tanzausbildung

»Eine Schülerin, die ich für eine Audition gecoached habe, war sich beim Tanzen ihres Solos gedanklich immer schon voraus. Sie fing sozusagen gar nicht dort an, wo sie sich körperlich befand. Die Frage war: Wie kann sie erst mal vollständig in einer Position ankommen, von der aus sie dann starten kann? Denn wenn man von der schon weg ist, gerät man automatisch ins Hetzen, in diese unbewusste Schnelligkeit.«

(Frauke Havemann, Choreographin und Tanzpädagogin)

»Ich habe versucht, mich gedanklich in eine Trainingssituation zu versetzen und komplett auszublenden, dass ich mich eigentlich in einer Aufnahmeprüfung befinde. Vor allem in der dritten Runde, als es dann nur noch so wenige waren, war ich ganz locker. Ich dachte mir: Die wollen mich ja auch, mit meinem speziellen Hintergrund, und: Ich will ja nicht unbedingt auf *die* Schule, es gibt auch andere. Deshalb war ich so entspannt, und das war, glaube ich, auch mein Pluspunkt.«

(David Kummer, Tanzstudent)

»Worauf man auf jeden Fall achten sollte: dass man die richtige Kleidung anzieht! Ich habe mir kurz vor meiner ersten Audition einen neuen Body gekauft und habe den da zum ersten Mal angezogen. Und dann ist der im Balletttraining bei jeder Rückbeuge runtergerutscht, sodass man meine Brust sehen konnte. Ich war total unsicher deswegen. So etwas darf einem eigentlich nicht passieren, aber mir ist es trotzdem passiert.

Außerdem sollte man sich unbedingt über die Schule informieren, bei der man sich bewirbt. In London bin ich ziemlich sicher ganz am Ende beim Interview durchgefallen. Da kam die Frage: Warum möchten Sie ausgerechnet an dieser Schule studieren? Und das konnte ich nicht erklären.«

(Julek Kreutzer, Tanzstudentin)

Ausbildung aus dem Blick der Tanzmedizin: Interview mit Liane Simmel

Dr. Liane Simmel ist Tanzmedizinerin, ehemalige Tänzerin, Gründerin und langjähriger Vorstand von tamed, der größten deutschsprachigen Organisation für Tanzmedizin, und unterrichtet tanzmedizinisches Grundlagenwissen an zahlreichen Tanzhochschulen in Deutschland und der Schweiz.

Frau Simmel, was sind Ihrer Erfahrung nach typische Verletzungen von Tanzstudenten?
Vor allem Muskelverletzungen, verursacht durch Muskelüberlastungen, die häufig dann entstehen, wenn sehr schnell sehr intensiv auftrainiert wird. So etwas sehe ich besonders bei Leuten, die mit 18, 19 ihre Intensivausbildung anfangen und vorher nur ca. zweimal die Woche trainiert haben. Das kann dann außerdem zu Sehnenentzündungen führen, typischerweise am Knie, im Hüftgelenk oder am Sprunggelenk. Oft sind auch einfach die Regenerationszeiten zu kurz und die jungen Tänzerinnen und Tänzer wissen gar nicht, was sie machen können, um sich aktiv zu regenerieren. Die fangen im September an, und drei Monate später ist die erste Sehnenentzündung da. Das ist relativ häufig.

Ein besseres Warm-up und Cool down würde schon helfen. Und sicher auch eine Trainingsanalyse. Denn wenn ich nicht gut platziert bin, kommt es automatisch zu einseitigen Belastungen und damit oft zu Überlastungen der Muskulatur. Wichtig ist natürlich auch die Ernährung: Stehen die Nährstoffe im Muskel bereit, die er braucht, um optimal zu arbeiten und elastisch zu sein? Wenn der Muskel nicht elastisch ist, muss die Sehne das auffangen, und die wird dann überlastet.

Ansonsten entstehen viele Probleme durch die Anforderungen der Tanztechnik an den Körper, und je nachdem, um welche Technik es sich handelt, gibt es die typischen nach innen gerollten Füße, die Verdrehungen im Kniegelenk oder die Überlastungen der Lendenwirbelsäule. Aber das ist natürlich individuell je nach Körper sehr unterschiedlich und hängt davon ab, welche Voraussetzungen der Einzelne mitbringt und wie gut das Techniktraining war, das er bisher genossen hat.

Was ›leistet‹ eigentlich das Tanztraining? Würde ein gutes Sporttraining den Körper nicht schneller und gezielter vorbereiten?
Das Tanztraining hat in meinen Augen einen ganz entscheidenden Vorteil vor allen anderen Sportarten: Es sensibilisiert die Wahrnehmung für den eigenen Köper. Man lernt zum Beispiel zu unterscheiden: Wie fühlt sich Müdigkeit im Körper an, wann bin ich am Ende meiner Dehnbarkeit angelangt, wie macht sich ein Muskelkater bemerkbar – und was ist im Gegensatz dazu ein Schmerz, der mich tatsächlich aufhorchen lassen sollte, der auf eine Überlastung aufmerksam macht? Dieses individuelle Einschätzen der Körperempfindungen kann ich im Tanztraining optimal lernen. Schmerz ist ja nicht immer nur negativ: Ich kann den Signalen folgen und meine Haltung und Bewegungen so verändern, dass ich Einseitigkeiten vermeide, Alternativen für körperliche Begrenzungen finde und letztendlich meine Kapazitäten voll ausschöpfen kann.

Inwieweit ist das tanzmedizinische Wissen heute in das Angebot der Ausbildungsinstitutionen integriert?
Es ist partiell integriert. In den Bachelor-Ausschreibungen der staatlichen Hochschulen erscheint inzwischen fast überall der Begriff ›Tanzmedizin‹. Aber was dort tatsächlich unterrichtet wird und wie, ist das andere. Ist es womöglich doch wieder nur theoretischer Anatomieunterricht, den ich nicht mit meinem Körper und meinem Tanzen in Verbindung bringe?

Aber auch an den Schulen, an denen Dozenten das Fach praktisch orientiert unterrichten und wirklich wissen, wovon sie reden, entspricht das in der Tanzmedizin Gelehrte nicht unbedingt dem, was im Tanztraining gefordert wird. Auf der einen Seite unterrichte ich Tanzmedizin, auf der anderen Seite verlange ich von Achtjährigen ein 180-Grad-*en-dehors*. Das geht einfach nicht zusammen.

Man braucht natürlich auch erst einmal Pädagogen, die bereit sind, ihren Unterricht entsprechend anzupassen, sich fortzubilden. Bei vielen ist das Bedürfnis auch vorhanden, da gibt es ein zunehmendes Interesse. Und an den Schulen wächst das Bewusstsein, dass das ein Bereich ist, um den sie sich kümmern müssen – das hat sich in den letzten 15 Jahren Gott sei Dank stark verändert.

Was ebenfalls mehr und mehr an den Schulen unterrichtet wird, sind Körperwahrnehmungstechniken, die teilweise in eine ähnliche Richtung gehen.
Genau. Nachteil ist allerdings, dass so eine Körperwahrnehmungstechnik vornehmlich in *eine* Richtung geht, also schon wieder etwas einschränkt. Deshalb bin ich eine Verfechterin des Begriffs ›Tanzmedizin‹, der wirklich alles umfassen sollte: funktionelle Anatomie, aber auch Physiologie, also wie funktioniert so ein Körper eigentlich, wie sind die Stoffwechselzusammenhänge; außerdem Psychologie, das heißt, wie hängen Körper und Psyche zusammen, wie reagiert der Körper beispielsweise auf Stresssituationen; dann natürlich Ernährungslehre; zudem einen Überblick über verschiedenste Körpertherapieformen: Was sind die Vor- und Nachteile, von welchen Formen kann ich wie profitieren? Denn nicht für jeden ist zum Beispiel Pilates die Idealmethode, der eine kann damit viel anfangen, für den anderen ist eine andere Methode hilfreicher. Und dann gehören zur Tanzmedizin auch die trainingswissenschaftlichen Aspekte, aus der Sportwissenschaft: Wie baue ich ein Training auf, wie sollte ein Trainingsplan aussehen, was ist eigentlich Periodisierung und wie sieht dies in der Praxis aus?

Wie kann ein Tänzer sein Training sinnvoll planen?
Für die individuelle Trainingsplanung sind das Warm-up und das Cool down enorm wichtig. Das *muss* in der Ausbildung gelehrt werden. Man kann es schon so handhaben, dass es irgendwann nicht mehr Teil des Tanztrainings ist und die Studenten es selbstständig vorher und nachher machen, aber sie sollten angeleitet werden bei dem, was und wie sie es machen. Denn sonst macht jeder immer nur das, was er sowieso gut kann, womit er sich wohlfühlt. Und das

bringt den Studierenden nicht unbedingt weiter, sondern kann sogar schaden.

Ansonsten ist so ein klassisches Training schon sehr gut aufgebaut; es sind alle Phasen enthalten. Gerade verglichen mit anderen Sportarten ist der Aufbau innerhalb einer Tanztrainingseinheit ziemlich gut. Nur wird oft vergessen, dass wir für eine ideale Leistungsfähigkeit auch gezieltes Kraft- und Ausdauertraining nutzen sollten.

Was die Periodisierung des Trainings angeht – das kommt immer auf den Trainingszustand des Einzelnen an. Wenn jemand gerade erst anfängt oder lange pausiert hat, dann ist ein Training sechsmal die Woche einfach nicht sinnvoll, dann sollte er langsam aufbauen, zum Beispiel zunächst jeden zweiten Tag trainieren. Und auch wenn jemand schon gut in Form ist und täglich trainiert, kann die Trainingslänge pro Tag und auch die Trainingsintensität variieren. Wichtig ist auch: immer wieder Regenerationsphasen einbauen. Die müssen dann gar nicht so lang sein, da reicht ein Tag. Das bringt viel mehr, als vier Monate durchzutrainieren und dann zwei Wochen am Stück zu pausieren.

Sie erwähnten vorhin schon die Bedeutung einer richtigen Ernährung. Worauf sollten Tänzer dabei generell achten?
Überhaupt zu essen. *(Lacht.)* Nein, die provokative Frage ist: Was machen viele Tänzer wirklich absolut falsch? Sie rauchen. Das ist einfach das Allerschlimmste. Es sind, würde ich schätzen, die Hälfte bis zwei Drittel der Tänzer, die rauchen. Gut, da steht das Nikotin als Droge im Vordergrund, da geht es um die Zigarette, an der ich mich festhalten kann – kein Wunder bei der hohen körperlichen und auch psychischen Anstrengung. Und man nimmt nicht zu, weil man, wenn man raucht, weniger Hunger hat, also rauchen viele, statt zu essen.

Ansonsten finde ich es schwierig, zur Ernährung pauschale Tipps zu geben, weil Ernährung etwas ganz Individuelles ist. Ganz allgemein kann man vielleicht sagen, dass Tänzer dazu neigen, sich schnell kurzfristige Energie zuzuführen. Das heißt in Form von irgendwelchen Snacks oder Zucker, etwas, das mich sofort aufputscht, weil ich in der nächsten halben Stunde fit sein muss. Und das ist für den Körper wirklich ungesund. Da wäre es sinnvoller, eine gute Basis zu schaffen. Und eine gute Basis heißt langkettige Kohlehydrate, die langsam abgebaut werden können, wenn ich sie brauche, also zum Beispiel Müsli oder Vollkornkekse. Und diese Energiespitzen nur ausnahmsweise zu mir zu nehmen, wenn es ganz dringend nötig ist, weil ich sonst tatsächlich umkippe.

Das Problem, das ich sehe, ist, dass man eigentlich gar nicht weiß, wann man essen soll. Rein zeitlich. Essenspausen für Tänzer sind in Studienplänen quasi nicht vorhanden. Zum Teil gibt es 30-minütige Mittagspausen, in dieser Zeit kann man nicht essen und verdauen. Und wenn man nicht richtig verdaut, dann kommt das, was man isst, auch nicht wirklich in den Muskeln und Gelenken an.

Schlechte Essgewohnheiten sind ja häufig mit starkem psychischem Druck verbunden, besonders mit dem, das ideale Gewicht und die ideale Figur erreichen und halten zu müssen. Darüber hinaus: Welche anderen Aspekte der Tanzausbildung empfinden die Studierenden Ihrer Erfahrung nach als psychisch belastend?
Die Sozialisierung im Tanz ist schon extrem. Auf der einen Seite bekomme ich sehr große Eigenverantwortung: Ich soll mich um meinen Körper kümmern, ich soll mich um meine künstlerische Entwicklung kümmern. Aber auf der anderen Seite werde ich sehr klein gehalten. Ich bin in der Gruppe, werde als Individuum also nur sehr beschränkt wahrgenommen und muss mich trotzdem in der Gruppe behaupten. Ich soll mich einerseits in die Gruppe integrieren und nicht auffallen, aber andererseits muss ich auffallen, sobald ich solistisch tätig bin. Das finde ich wahnsinnig schwierig.

Der andere Punkt ist: Wie isoliert bin ich von der Außenwelt? Komme ich wenigstens in der Schule mit anderen Leuten, mit anderen Themen in Kontakt? Und irgendwann hat wahrscheinlich jeder das Gefühl: Eigentlich würde ich auch mal gerne ein bisschen freier leben. Ein bisschen außerhalb des Ganzen sein.

Dann gibt es natürlich Ehrgeiz und Konkurrenzdruck. Der beginnt ja schon sehr früh, zum Beispiel mit den nicht ausgespronen Erwartungen vonseiten der Kinder, aber auch vonseiten der Lehrer und Eltern. Nach den Prüfungen bekommt man häufig überhaupt kein konstruktives Feedback. Bestanden oder nicht bestanden. Aber warum, wieso, was kann man anders manchen, welche Ziele wollen wir erreichen – das fehlt. Diese Kinder müssten viel mehr als Persönlichkeiten wahrgenommen werden; man müsste ihnen die Eigenverantwortung, die man ihnen ja eigentlich aufzwingt, auch geben und sie darin führen. Und dazu gehört für mich auch, über einen Besetzungsplan für eine Aufführung zu sprechen. Aber sie bekommen keine Information über die Hintergründe. Dabei wäre das wichtig für die Stressverarbeitung, denn Stressverarbeitung bedeutet auch: Ich kann etwas verstehen, ich kann darüber reden. Nicht alles auf Gedanken reduzieren zu müssen wie: Ich bin schlecht, meine Technik reicht nicht aus, irgendwie bin ich ›falsch‹.

Kommunikation ist in vielen Schulen und Kompanien nach wie vor ein Stiefkind. Es gibt einen Chef, der irgendwelche Entscheidungen trifft, die aber nicht transparent sind. Das höre ich ganz oft von meinen Patienten, gerade bei jungen Mädchen, die von den Schulen geschmissen werden, ohne zu wissen, was der eigentliche Grund dafür ist. Oft werden körperliche Belange vorgeschoben, zum Beispiel: ›Du hast eine zu kurze Achillessehne.‹ Was heißt denn das? Das heißt für manche, dass sie schlecht springen. Aber das muss gar nicht an der Anatomie liegen, die Gründe dafür können ganz andere sein. Ich beobachte, dass in manchen Fällen die Tanzmedizin dazu benutzt wird, um für Entscheidungen, die eigentlich künstlerischer oder persönlicher Art sind und nicht erklärt werden können, eine Pseudobegründung über das Körperliche zu finden. Und das bedeutet, dass diese Leute krank gemacht werden. Man fördert ein Missverhältnis zum eigenen Körper und das in einer Kunstform, in der doch die Körperlichkeit im Vordergrund steht. Und wenn man weiß, dass letztlich etwa zwei Drittel unserer Erkrankungen psychosomatischer Natur sind, dann werden da Probleme auf ganz andere Art geschaffen, als wir immer denken: ›Alles Überlastung, Tanz ist ja so anstrengend‹ – das stimmt nicht immer. Auch eine Sehnenverletzung kann psychosomatische Ursachen haben, wenn ich zum

Beispiel über meine Überforderung nicht sprechen darf, kann, will. Dann bin ich möglicherweise aufgrund einer Verletzung aus dem Tanz ausgeschieden, obwohl diese Verletzung eigentlich einen ganz anderen Hintergrund hat.

Erfahrungen aus dem Ausbildungsalltag

»Seit *Deutschland sucht den Superstar* denken die Leute, dass sie drei Wochenendworkshops machen müssen und dann Tänzer sind. Denen ist gar nicht bewusst, wie viel extrem harte Arbeit dahintersteckt und was für eine knallharte Ausbildung. Und zwar egal, ob man das Tanzen an einer Schule lernt oder sich selbst ausbildet.«
(Be van Vark, Choreographin und Tanzpädagogin)

»Ich hatte dann doch nicht erwartet, dass es körperlich so hart ist, gerade die ersten Jahre. Es ist extrem heftig, vor allem für einen Körper, der sich noch nicht darauf eingestellt hat. Ich war eigentlich durchgehend verletzt, on und off. Man ist es nicht gewohnt, wirklich den ganzen Tag zu tanzen, wenn man vorher zwei bis drei Stunden täglich trainiert hat. Und vor allem ist das Ausbildungstraining ein anderes: mit mehr Energie und einem ganz anderen Tempo und Druck. Die ersten zweieinhalb Jahre waren für mich wie ein Wühlen, Schwimmen, Suchen unter der Wasseroberfläche: Ich hatte die Sachen zwar theoretisch verstanden, war aber noch nicht im Körper angekommen und hatte nicht genügend Körperbewusstsein entwickelt. Das erschwert vieles enorm. Ich habe unglaublich lange gebraucht, um zu verstehen: Was mache ich da gerade? Was mache ich nicht richtig, was muss ich verändern? Irgendwann kam die Phase, wo es gekippt ist, wo ich gespürt habe: Jetzt kann ich wirklich anfangen, etwas zu ändern. Und dann habe ich mich tänzerisch entwickelt, was sich drastisch im Feedback der Lehrer niederschlug. Ab da kam ich vorwärts, irgendwann im vierten Semester an der zweiten Schule.

Plötzlich war ich auch deutlich weniger verletzt – ich hatte zum Beispiel lange Knieprobleme, die hörten in dem Semester auf.«

(Robin Rohrmann, Tänzer)

»Wenn man sich verletzt hat, hat man sich eben verletzt, das war schon fast eine Sache der Ehre, das war schon fast gut. Dass man im Spitzenschuh rohes Fleisch wie eine zweite Haut auf den Fuß legte, das gehörte zum Habitus dazu.«

(Friederike Lampert, Choreographin und Tanzwissenschaftlerin)

»Im dritten Jahr meines Studiums haben wir *Die Befragung des Robert Scott* einstudiert. Antony Rizzi war bei der Generalprobe und hat Korrekturen gegeben. Er war sehr forsch und hat mir gesagt, dass ich mehr machen muss, mehr geben muss. Das hat mich ziemlich fertig gemacht. Meine Lehrerin kam hinterher zu mir und meinte: ›Ich weiß, dass er sehr hart zu dir war, aber er wollte dich damit nur motivieren.‹ Und seitdem versuche ich immer, über mich selbst hinauszuwachsen und mehr zu geben, als ich denke, dass ich kann. Das hat mich angetrieben, extremer zu werden.«

(Ramon A. John, Tänzer)

»Ich hatte mit manchen Lehrern Schwierigkeiten, die an sich sehr gut waren, die aber die Angewohnheit hatten, einige ihrer Schüler zu ignorieren. Mit ziemlicher Sicherheit geschah das unbewusst, es konnte einen aber trotzdem ganz schön fertig machen. Man wurde dann im Unterricht nicht korrigiert. Es konnte sein, dass während einer Stunde nur zwei oder drei Leute beobachtet wurden. Da musste man taktisch denken: Wie schaffe ich es, dass ich gesehen werde?«

(Wiebke Bickhardt, Tanzstudentin)

»Diese ständige Konfrontation mit meinem Körper im Spiegel! Ich bin relativ schnell an meine Grenzen gekommen und habe gemerkt, dass ich keine ideale Ballettfigur habe. Ich war zwar technisch gut, hatte aber einen Knick in den Beinen und keinen schönen Spann; da konnte ich nichts dran ändern. Damals in meiner Ballettausbildung wurden wir noch auf die Waage gestellt – das ist an einigen Schulen ja nach wie vor so –, und dadurch macht man sich wahnsinnig viele Gedanken über den eigenen Körper, das ist unglaublich dominant. Zum Glück konnte ich wegen meiner Energie punkten. Meine Lehrerin hat mir einmal gesagt, und das war als Kompliment gedacht: ›Toll, was für eine Energie! Du solltest unbedingt in die Tanzpädagogik gehen.‹ Das wollte ich natürlich nicht hören: Tanzpädagogin war zweite Wahl, alle wollten Ballerinen werden. Ich war völlig frustriert. Dadurch habe ich aber letztendlich erkannt, dass das mit dem klassischen Ballett nicht mein Weg ist. Dann kam die Erfahrung mit den modernen Choreographen. Wahrscheinlich hätte ich da an eine Schule mit modernem Schwerpunkt wechseln sollen, anstatt mich mit russischer Balletttechnik rumzuquälen. Aber so habe ich mich dann eben nach dem Studium in Richtung moderne Tanzformen orientiert.«

(Friederike Lampert, Choreographin und Tanzwissenschaftlerin)

»Eine dreijährige Ausbildung ist wirklich sehr kurz. Danach ist man nicht fertig, das ist einfach so. Es ist anders, wenn man als Kind an eine staatliche Ballettschule kommt. Drei Jahre können ein Baustein sein, aber ohne Eigeninitiative und ohne das freie Arbeiten neben dem Unterricht reicht das nicht. Und das kann man oft schon im ersten Jahr erkennen: Sind das Studierende, die sich auch noch samstags den Raum mieten, um selber zu arbeiten und auszuprobieren? Dann haben sie die nötige Energie, und dann denkt man: Ja, aus denen wird etwas.«

(Be van Vark, Choreographin und Tanzpädagogin)

»An einer der klassischen Akademien gab es vor einigen Jahren eine große Diskussion darüber, dass in der Abschlussklasse nur noch eine oder keine Schülerin mehr war, die durch die eigene Vorausbildung gelaufen ist. Das hängt auch mit der Praxis der Schulen zusammen, sich die Spitze ihrer Studenten auf den Ballettwettbewerben einzukaufen, über Stipendien usw. Diese Leute sind vielleicht nur im letzten Ausbildungsjahr an der Schule, gelten aber als deren Absolventen

II Die Tanzausbildung

und bekommen einen Hochschulabschluss. Und darüber profilieren sich die Schulen unter anderem. Man könnte die Ressourcen auch vermehrt in die eigenen Schüler in der Vorausbildung investieren und sie über einen langen Weg zu dieser Spitze hinführen, aber oft kommt als Begründung: Unsere Schüler haben kein Talent, deshalb konnten wir das nicht; es haben nur die Talent, die woanders ausgebildet wurden. Das ist schon schwierig, besonders im Hinblick auf den Bologna-Prozess.«
(Ingo Diehl, Professor für zeitgenössische Tanzpädagogik)

»Die Schulen, die ich spannend finde, versuchen den Studierenden deutlich zu machen, dass sie bestimmen, was sie dort erreichen wollen, aber dass sie gleichzeitig durch alles durch müssen: dass sie den – scheinbaren – Drill eines Ballettmeisters genauso durchleben müssen wie eine freie Improvisation, in der sie machen können, was sie möchten, und sich kritisieren lassen müssen. Die Breite, das ist es.«
(Claudia Jeschke, Professorin für Tanzwissenschaft)

»Meine Ausbildung hat mir auch gezeigt, was ich nicht möchte. Meine Lehrerin hat gesagt: ›Du musst erst einmal alles Mögliche ausprobieren, sonst kannst du nicht wählen, was du möchtest‹ – auch dazu ist die Ausbildung da. Und im besten Fall weisen die Lehrer darauf hin, dass jeder selbst wählen muss.«
(Etoile Chaville, Tänzerin)

III Der Sprung ins Berufsleben

Berufswelten

Der Berufsmarkt: Stellen, Strukturen, Entwicklungstendenzen

Bis zu ihrem Eintritt ins Berufsleben haben Tänzerinnen und Tänzer bereits einen weiten Weg zurückgelegt. Viele von ihnen sind schon vorher abgebogen. Dass an einer staatlichen deutschsprachigen Tanzausbildungsstätte von 20 Zehnjährigen in einer Vorausbildungsklasse nur zwei ihr Tanzstudium an dieser Institution beenden, ist heute fast schon die Regel. Und von den durchschnittlich 11 bis 20, die pro Jahrgang an staatlichen Schulen ein Vollstudium beginnen, findet im ungünstigsten Fall nur ein Drittel im Anschluss ein Engagement als Tänzer[6] – ganz zu schweigen von den Absolventen der privaten Schulen. Der Rest gibt das (professionelle) Tanzen häufig auf, spätestens dann, wenn die Jobsuche auch längerfristig erfolglos bleibt.

Doch auch diejenigen, die den Einstieg geschafft haben, können die ohnehin knapp bemessene Zeit bis zum Ende einer Tänzerkarriere, das aufgrund der nachlassenden körperlichen Leistungsfähigkeit normalerweise bei Mitte / Ende 30 liegt, selten ganz ausnützen (Tänzer besonders im zeitgenössischen Bereich, die noch lange Jahre danach auf der Bühne stehen, bilden die Ausnahme).[7] Sei es, dass sie nach ein paar unbefriedigenden Spielzeiten feststellen, dass dieser Berufsalltag nichts für sie ist, sei es, dass sie keine Entwicklungsmöglichkeiten mehr sehen, sei es, dass sie ausgebrannt sind oder wegen einer Verletzung nicht mehr tanzen können. Laut einer Studie von Cornelia Dümcke aus dem Jahr 2008 scheidet jeder fünfte Tänzer einer festen Kompanie in Deutschland aus Verletzungsgründen aus seinem Beruf aus – Tendenz steigend.[8]

Die Konkurrenz um bezahlte Stellen, um Gelder aus Kulturfördertöpfen ist groß. Dazu trägt das hohe internationale Bewerberinteresse bei gleichzeitig schrumpfendem Jobangebot bei. Tänzer aus der ganzen Welt bevölkern den deutschen Markt, der immerhin noch bessere Verdienstmöglichkeiten bietet als die Märkte vieler anderer Länder. Cornelia Dümckes Studie beziffert den Anteil von Tänzern nicht-deutscher Herkunft in den Kompanien der Stadt- und Staatstheater mit 75 %, unter den freischaffenden Tänzern mit ca. 55 %.[9] In den großen klassischen Ballettkompanien sieht es noch einmal anders aus: Ehemalige Tänzer berichten, dass dort über 90 % Kollegen mit nicht-deutscher Staatsangehörigkeit engagiert sind.

Hauptarbeitgeber für Tänzer in Europa sind, wie die 2011 erschienene Studie der International Federation of Actors (FIA) feststellt, nationale Tanzkompanien, öffentliche Theater, private Tanzkompanien, freie Tanzkompanien, Kabarett- und Musicalproduktionen, Film und Fernsehen, die Werbebranche, Freizeitparks und Privatpersonen, die Tänzer für einzelne Events engagieren.[10] Weiterhin können Tänzer in der Tourismus- und Musikbranche, bei Galaveranstaltungen, Shows und Modeschauen, in Nachtclubs, Diskotheken oder Folkloreensembles beschäftigt sein.

Typisch für den deutschen Arbeitsmarkt ist das Stadttheatersystem, das in keinem anderen Land in dieser Form existiert. Neben den Staatstheatern gibt es in jeder größeren Stadt ein öffentlich subventioniertes Stadttheater, dem in vielen Fällen auch eine eigene Tanzkompanie angegliedert ist, die speziell für dieses Haus, diese Stadt und ›ihr‹ Publikum zuständig ist. Diese momentan rund 70 großen, mittleren und kleinen Ensembles bieten immerhin zwischen 1300 und 1400 Stellen.[11]

Neben der Möglichkeit, an den öffentlich subventionierten oder an privatwirtschaftlich finanzierten Theatern abhängig bzw. ›fest‹ beschäftigt zu werden, kann man seinen Beruf auch als selbstständiger, ›freier‹ Tänzer ausüben: einzeln oder in freien Tanzkompanien, die häufig für jede Produktion neu zusammenfinden, oder auch als Gast in festen Kompanien. Freie Kompanien und freie Tanzkünstler haben ebenfalls die Option, sich institutionell unterstützen oder einzelne ihrer Produktionen öffentlich fördern zu lassen; dem gehen immer wieder neue Antragsverfahren voraus. Die Anzahl freier Ensembles in Deutschland schwankt so stark und ist aufgrund der Mobilität der Gruppen derart schwer zu fassen, dass sie sich nicht eindeutig feststellen lässt. Während sie in Berlin, wo ein Großteil der freien Tanzszene beheimatet ist, 2010 auf ca. 200 geschätzt wurde, schwankten beispielsweise die offiziellen Angaben für Nordrhein-Westfalen, ein Bundesland, in dem ebenfalls relativ viele freie Ensembles aktiv sind, im selben Jahr zwischen 35 und 94.[12] Laut einer Schätzung in Cornelia Dümckes Studie waren 2008 ca. 2000 Tänzer und Choreographen in Deutschland freischaffend tätig.[13] Hinzu kommen die im Bereich Musical beschäftigten Tänzerinnen und Tänzer (2008 inklusive Choreographen etwa 300).

Ist Deutschland also ein ›Tanzparadies‹? Zwar existieren nicht zuletzt dank des Stadttheatersystems sowie der öffentlich geförderten freien Szene immer noch mehr Jobmöglichkeiten als in vielen anderen Ländern, die stärker auf freie und privatwirtschaftliche Strukturen setzen oder aber keine öffentlichen Gelder für die freie Szene aufwenden und lediglich wenige große Staatstheater unterstützen. Doch ist der Tanzsektor von einer Entwicklungstendenz betroffen, die eine angespannte Berufssituation zur Folge hat – eine Tendenz, die letztendlich den gesamten kulturellen Sektor nicht nur in Deutschland, sondern auch in zahlreichen anderen Ländern betrifft.

Angesichts leerer öffentlicher Kassen werden Einsparungen nötig, die zu einem teilweise massiven Stellenabbau an den Theatern und zu weniger Geld in Fördertöpfen für freie Projekte führen. So sind beispielsweise im Zeitraum von 1991 bis 2007 unterschiedlichen Quellen zufolge zwischen 400 und 550 Tänzerstellen an deutschen Stadt- und Staatstheatern weggefallen; umgerechnet entspricht dies der Abschaffung einer mittleren bzw. zweier kleiner Kompanie(n) pro Jahr.[14] Und dieser Abwärtstrend setzt sich bis heute fort.

Entsprechend hat sich die Bedeutung der Bezeichnungen ›groß‹, ›mittel‹ und ›klein‹ für Kompanien verschoben. Die größte Ballettkompanie, das Staatsballett Berlin, beschäftigt zwar noch 88 Tänzerinnen und Tänzer, doch wird heute jede Gruppe ab rund 50 Tänzern aufwärts als ›groß‹ bezeichnet. Von diesen großen, fast durchweg klassisch ausgerichteten Ensembles existieren mittlerweile nur noch sieben. ›Mittlere‹ Kompanien umfassen heute lediglich rund 20 bis 30 Stellen. Und während vor 20 Jahren eine Kompanie mit 15 Tänzern als sehr klein galt, ist das heute für eine ›kleine‹, moderne Kompanie ziemlich viel: Die durchschnittliche Größe liegt hier bei 11 bis 14 Tänzern, aber auch 8 sind keine Seltenheit. Freie Ensembles bzw. Produktionen beschäftigen in der Regel noch weniger Tänzer, im Durchschnitt etwa 4 bis 6, wobei in diesem Bereich viele als Solokünstler arbeiten und Duette kreiert werden. Ausnahmen mit mehr Tänzerstellen (zwischen 10 und 20) bilden die institutionell geförderten und/oder von privaten Sponsoren unterstützten Ensembles berühmter Choreographen wie zum Beispiel Sasha Waltz oder William Forsythe.

Wie viele Plätze in Kompanien dieser Größenordnung pro Jahr frei werden, lässt sich erahnen, wenn man den Bedarf des größten Ensembles, des Staatsballetts Berlin (88 Tänzer) betrachtet. Dort werden laut der Stellvertretenden Intendantin Christiane Theobald pro Spielzeit mal sieben, mal zehn, manchmal aber auch nur zwei Plätze vergeben. Kleinere Ensembles haben entsprechend weniger freie Plätze zur Verfügung; immerhin wechseln hier die Tänzer im Durchschnitt öfter. Und freie Choreographen suchen häufig für jede ihrer Produktion neue Tänzer.

Da der Tanz an den Theatern gegenüber Künsten wie Oper oder Schauspiel immer noch nachrangig behandelt wird und eine schwächere Lobby hat, wird hier schneller als in anderen Bereichen der Rotstift angesetzt. Häufig fällt die Tanzsparte als Erstes weg – eine Tatsache, die man über die vergangenen Jahrzehnte immer wieder beobachten konnte. Unterhalten die Theater eine eigene Tanzkompanie, so sind dort die Löhne im Verhältnis zu den anderen Sparten durchschnittlich am niedrigsten. Zudem ist die Eigenständigkeit selten gewährleistet; die Ballettdirektoren sind abhängig von den Intendanten und haben kein eigenes Budget zur Verfügung, das sie orientiert am Bedarf ihres Ensembles sinnvoll einsetzen könnten.[15] Zum Glück haben in jüngster Zeit viele Theaterleiter erkannt, dass die Tanzsparte finanziell gewinnbringender ist als andere Bereiche; infolgedessen werden nicht mehr so leichtfertig ganze Kompanien aufgelöst.¹⁶

Auf die finanziell schwierige Situation wird vielerorts mit dem Versuch reagiert, alternative Strukturen zu etablieren. So hat es etwa in Freiburg und Heidelberg, Köln, Oldenburg und Bremen in den letzten Jahren Versuche gegeben, freie Tanzgruppen an ein festes Haus zu binden. Sie wurden finanziell ähnlich gut ausgestattet wie ein festes Ensemble, durch die Nutzung der Probenräume und sonstigen Infrastruktur des Theaters verfügten sie über stabile Arbeitsbedingungen, dabei konnten und mussten sie aber eigenverantwortlich und flexibel agieren, indem sie wie andere freie Truppen an verschiedenen Theatern gastierten und einen Teil der Gesamtkosten selbst erwirtschafteten, Produktionen spielten sie en bloc in jeweils neuen Künstlerkonstellationen – mit anderen Worten: Die Arbeitsweise der freien Szene wurde ins Stadttheater hineingeholt. Immerhin konnten so – dank Synergieeffekten und Kostenersparnis – einige Kompanien gerettet werden.

Umstrukturierungen an den Theatern und die Durchsetzung der kommunalen Sparauflagen erfolgen häufig auf Kosten der Angestellten. Obwohl zum Beispiel das Gehalt der abhängig beschäftigten Tänzer an Stadt- und Staatstheatern mit dem Normalvertrag (NV) Bühne tarifrechtlich geregelt ist und sie in die sozialen Sicherungssysteme wie Kranken- und Rentenversicherung eingebunden sind, gibt es mittlerweile innerhalb dieser Gruppe ein großes Sozialgefälle. Um den Tänzern lediglich Mindestgagen zahlen zu müssen, vergeben die Theater in vielen Fällen nur noch einen NV Bühne Sonderregelung (SR) Solo, in dem die Gage individuell ausgehandelt werden kann, anstatt die Tänzer mit einem NV Bühne SR Tanz einer Gagenklasse zuzuordnen, wodurch sie auch als Gruppentänzer besser gestellt wären.¹⁷ Zudem werden an Anfänger immer häufiger Eleven- oder Praktikantenverträge vergeben, die eine Vergütung noch unter der Mindestgage des NV Bühne vorsehen. Und wo immer möglich, werden die Gehälter rigoros gekürzt. So wurden etwa die Tänzer einer kleineren Kompanie im Zuge eines Intendantenwechsels mit der

Frage konfrontiert: Die Gehälter werden um 30 % gekürzt – bleibt ihr oder geht ihr? Hinzu kommt, dass die Verträge auf immer kürzere Zeiträume befristet sind. An festen Häusern sind Einjahresverträge, die fortlaufend um jeweils ein weiteres Jahr verlängert werden können, die Norm.

Die verschärften Arbeitsbedingungen mit Stellenstreichungen und Verträgen mit kurzer Laufzeit führen dazu, dass die Fluktuation in den Ensembles zunimmt und die Tänzer immer häufiger abwechselnd fest angestellt und selbstständig beschäftigt sind. Mehr und mehr Tänzerinnen und Tänzer, die keine feste Stelle finden, drängen in die freie Szene und damit in die Selbstständigkeit – eine europaweite Tendenz, wie die FIA-Studie von 2011 zeigt.[18]

In der freien Szene ist der finanzielle Rahmen in der Regel noch einmal deutlich enger. Zwar sind insgesamt in den letzten Jahren in einigen Bundesländern und dabei vor allem in den größeren Städten mehr öffentliche Gelder für die lokale freie Szene zur Verfügung gestellt worden, doch bewerben sich auch deutlich mehr Gruppen und Einzelpersonen mit Förderanträgen um diese Mittel. Dazu kommt, dass für die freie Szene insgesamt wesentlich geringere Summen bereitgestellt werden als für die großen Kompanien an den festen Häusern, wohin der Großteil der öffentlichen Mittel fließt.[19]

Eine positive Entwicklung der vergangenen Jahrzehnte stellt die Verbesserung der Infrastruktur für die freie Arbeit dar. Die nationalen und internationalen Netzwerke von Künstlern, Kuratoren, Theater- und Festivalleitern sind gewachsen; es gibt mehr Spielstätten und Produktionsorte, mehr Möglichkeiten und finanzielle Förderung für Kooperationen, Gastspiele, Austausch und eine größere politische Lobby. Tanzzentren wie das tanzhaus nrw düsseldorf, das Dock 11 und die Tanzfabrik in Berlin, die fabrik Potsdam, das Tanzlabor_21 in Frankfurt am Main, das K3 – Zentrum für Choreographie in Hamburg, der PACT Zollverein in Essen oder das Tanzquartier Wien (TQW) bieten nicht nur Aufführungsorte, sondern sind häufig gleichzeitig Tanzlaboratorien, Ausbildungszentren, Foren für Begegnungen, Austausch und Diskussionen; teilweise ermöglichen sie über die Vergabe von Residenzen die Entstehung von Choreographien und bieten Profitraining an.

Was die Verdienstmöglichkeiten in der freien künstlerischen Szene angeht, sieht es dagegen relativ düster aus. Die Gagen sind häufig minimal, und es ist nicht unüblich, dass Tänzer um der Kontakte und Berufserfahrung willen ohne Bezahlung in Projekten mitarbeiten. Zudem sind die selbstständigen Tänzer nicht durchgehend beschäftigt und müssen mit ihrem geringen Verdienst Zeiten der Arbeitslosigkeit überbrücken. Tatsächlich ist Schätzungen zufolge über die Hälfte der freien Tänzer nur bis zu drei Monate im Jahr überhaupt in künstlerischen Projekten tätig.[20]

Auch in Bereichen, die vor 20 Jahren gute Nebenverdienste für Tänzerinnen und Tänzer versprachen, sind die Gagen eingebrochen. So berichtet zum Beispiel ein Tänzer, dass er in den 1990er-Jahren für Gastengagements an Stadttheatern pro Abend umgerechnet 700,- € erhalten habe – im Vergleich zu maximal 300,- € heute. Und während er sich damals mit Auftritten auf internationalen Automessen, die ihm pro Tag umgerechnet 500,- € eingebracht hätten, halbe Jahre freier Tanzarbeit finanziert habe, liege der Verdienst auch hier höchstens noch bei 300,- € pro Messetag mit zehn Shows.

Aufgrund der steigenden Anzahl selbstständiger Tänzer wird es außerdem immer schwieriger, sich mit tanznahen Tätigkeiten wie Unterrichten über Wasser zu halten, da auch derartige Jobangebote knapp werden. Die wenigsten können allein vom Tanzen leben; sie kommen nur über die Runden, indem sie verschiedene, teils tanznahe, teils tanzferne Jobs ausüben.

Ob fest oder frei – Arbeitslosigkeit kann jederzeit zum Thema werden und ist in vielen Karrieren, die sich aus befristeten Projekten und Engagements zusammenstückeln, alltäglicher Begleiter in den Zwischenphasen. Der Markt ist komplett übersättigt und die Arbeitslosigkeit entsprechend hoch. Frauen betrifft dies in besonderer Weise: 2006 etwa waren sie in der Gruppe arbeitslos gemeldeter Tänzer mit rund 70 % vertreten, Tendenz steigend.[21] Die Konkurrenz ist unter Frauen ungleich härter als unter Männern, da sie deutlich häufiger diesen Beruf anstreben (geschätzt werden drei Viertel Frauen auf ein Viertel Männer), aber etwa gleich viele Stellen für Männer und Frauen vorhanden sind. Außerdem verdienen Frauen im Durchschnitt 25 % weniger als Männer.[22]

Es lässt sich nicht beschönigen: Der Großteil der Tänzerinnen und Tänzer lebt finanziell und in Bezug auf die soziale Absicherung in prekären Verhältnissen. Jedem, der diesen Beruf ergreifen möchte, sollte klar sein, dass er sich damit – neben all der Erfüllung, die das Tanzen bietet – auch für eine höchst unsichere Lebensform entscheidet.

Arbeitsbereiche, Arbeitsformen

Für die einzelnen Arbeitsbereiche und -orte werden Tänzer mit je unterschiedlichem technischem Hintergrund und ästhetischem Repertoire gesucht – und jeder Bereich bietet einen speziell strukturierten Berufsalltag.

An Staats- und Stadttheatern, die lange Zeit fast ausschließlich Ballettensembles unterhielten, haben sich mittlerweile auch Tanztheatergruppen, moderne und zeitgenössische Kompanien etabliert. Die Intendanten sind mutiger geworden, wenn es darum geht, zeitgenössische Kompanien an ihre Häuser zu holen: Sie muten ihrem Publikum andere Sichtweisen zu und tragen zu einem deutlichen Wandel der Ästhetik bei. Und es sind zunehmend zeitgenössische Choreographen, die – zum Teil aus der freien Szene kommend – als Ballettdirektoren und Chefchoreographen an die Häuser verpflichtet werden.

Zudem weist auch die Ballettszene in Deutschland ein sehr breites Spektrum auf: von den Klassikern der großen Kompanien bis hin zu eigenwilligen, vom jeweiligen Hauschoreographen geprägten zeitgenössischen Ballettformen. Innovative Choreographen finden gerade an den kleineren Stadttheatern nach wie vor ihren Platz. Inzwischen existieren nur noch wenige Kompanien, die das klassische Repertoire mit seinen vielköpfigen Gruppenszenen dank ihrer Ensemblegröße überhaupt tanzen können. Die meisten Kompanien mittlerer und kleiner Größe führen überwiegend eigene Choreographien ihrer Ballettdirektoren auf. Diese produzieren die Stücke passgenau auf ihr Ensemble hin und binden die Tänzer auch vermehrt in den choreographischen Prozess ein.

Das Prinzip der Personalunion von Kompanieleiter und Hauschoreograph wird an kleineren (bis mittleren) Ballettensembles und zeitgenössischen Kompanien gleichermaßen praktiziert und hat einen pragmatischen Hintergrund: Die Kosten sowohl für die Rechte von fremden Choreographien als auch für Engagements von Gastchoreographen können auf diese Weise gering gehalten werden. Die Direktoren stehen dabei unter dem Druck, ständig neue Stücke produzieren zu müssen; ihre Choreographien bleiben nur selten im Repertoire, weil das Tanzpublikum vor Ort sie bereits nach einigen Aufführungen gesehen hat. Dadurch, dass die Verträge der Tanzdirektoren in der Regel auf einige Jahre befristet sind, ist es zudem schwer, ein eingespieltes Ensemble zu bilden, einen eigenen Stil zu entwickeln und ein treues, *seiner* Kompanie verbundenes Publikum aufzubauen. Im besten Fall ist genügend Kontinuität gegeben, um diese Aufbauarbeit zu realisieren; im schlechtesten Fall leidet die Qualität unter dem Zwang, permanent etwas Neues zeigen zu müssen, und der großen Fluktuation des künstlerischen Personals. Wo Leiter und Ensemble den Balanceakt meistern und sich mit ihrer eigenen Handschrift durchsetzen, lassen sind selbst an Häusern, die von den Medien kaum wahrgenommen werden, künstlerisch großartige Produktionen finden.

Auch wenn an Stadttheatern von den Tänzerinnen und Tänzern immer mehr Tanz- und Improvisationstechniken verlangt werden und auch wenn die Grenzen zwischen Ballettensembles und modernen bzw. zeitgenössischen Kompanien mehr und mehr verschwimmen: Die klassische Basis – die eine neben mehreren sein kann – bleibt hier nach wie vor Voraussetzung. Zu Beginn der Auditions muss in der Regel ein klassisches Training absolviert werden, das einen ersten Eindruck der Qualität vermittelt. Immerhin ist es mittlerweile auch für zeitgenössisch ausgebildete Tänzer mit guten technischen Grundlagen möglich, an städtischen bzw. staatlichen

Bühnen unterzukommen. Oder auch für starke künstlerische Persönlichkeiten, die im klassischen Tanz Schwächen haben, aber genau ins ästhetische Programm eines bestimmten Hauses passen. Generell durchmischen sich die Kompanien immer stärker.

An den Häusern finden sich die Tänzer dann in unterschiedlichen Personalstrukturen wieder. Die großen klassischen Kompanien sind weiterhin hierarchisch aufgebaut, und der einzelne Tänzer ist angehalten, sich in dieser Hierarchie hochzuarbeiten: vom Corps de Ballet zum Halb-Solisten, zum Solisten und schließlich zum Ersten Solisten. In den kleineren Ballettensembles sowie den modernen/zeitgenössischen Kompanien fällt diese Hierarchie weitestgehend weg. Hier werden alle als ›Solist mit Gruppe‹ oder einfach als ›Tänzer‹ eingestellt.

Egal, wie groß die Kompanie ist – die Theater suchen generell Tänzerinnen und Tänzer, die fertig ausgebildet und sofort in allen Produktionen einsetzbar sind. Die Zeit und die Mittel sind knapper geworden, zu knapp, um den jungen Tänzern Raum zur allmählichen Entwicklung zu geben. Stücke müssen schneller einstudiert oder entworfen werden, und häufig fehlen die Zeit und genügend Ballettmeister für das Rollenstudium oder die Einzelarbeit. Der Tänzer als künstlerischer Hochleistungssportler hat eine hohe Zahl an Aufführungen abzuleisten, die teilweise mit Reisen im Rahmen von Gastspielen verbunden sind. Während einige Theater auf die physischen Bedürfnisse ihrer Tänzer eingehen und Unterstützung bieten, wo sie können, werden die Ensemblemitglieder anderenorts regelrecht verheizt. Tatsächlich schlägt sich die gestiegene Arbeitsbelastung direkt in der Verletzungshäufigkeit nieder: So stellte etwa die Tanzmedizinerin Eileen Wanke 2007 fest, dass sich jeder zweite Tänzer in einem festen Ensemble »mittlerweile mindestens einmal im Laufe einer Spielzeit im Rahmen eines Arbeitsunfalls [verletzt]. Vor zehn Jahren waren es nur halb so viele. Während sich die Verletzungshäufigkeit, die im Tanz in einer direkten Abhängigkeit von Dauer, Art und Intensität der Belastung steht, bei den übrigen Bühnenangestellten in den letzten Jahren konstant verhielt, stieg sie im Tanz deutlich an.«[23]

Die sogenannte freie Szene umfasst ein weites Feld, und entsprechend ist der Tanzalltag dort mal stark, mal kaum mit dem eines fest angestellten Tänzers vergleichbar. Wenn die freie Kompanie oder der Choreograph institutionelle Förderung erhält und/oder an einem bestimmten Haus fest verankert ist, sind die Arbeitsbedingungen womöglich gleich. Müssen Gelder beschafft werden, um eigene Tanzprojekte realisieren und sie an internationalen Tanzspielstätten und auf Festivals zeigen zu können, gibt es wahrscheinlich kaum Gemeinsamkeiten. Größere Unterschiede im Berufsalltag lassen sich auch zwischen den selbstständigen Darstellern, die in freien Projekten mit ihren spezifischen Produktionsprozessen arbeiten, und den Selbstständigen, die als Gast an den etablierten Theatern oder in kommerziellen Produktionen tätig sind, ausmachen. Stilistisch ist die freie Szene breit aufgestellt. Doch obwohl Stilmix gang und gäbe ist, sind einzelne Bereiche wie etwa der Richtung Performance tendierende zeitgenössische Tanz und die Street-Dance-Community aufgrund ihrer unterschiedlichen Kultur mit je eigenem Publikum stark voneinander abgeschottet.

Der Arbeitsrhythmus selbstständiger Tänzer, die nicht in einen geregelten Kompaniealltag eingebunden sind, ist je nach Projektverpflichtung individuell verschieden. Zum einen proben diese Tänzer häufig in intensiven Blöcken, die sich mit längeren Phasen ohne Tanzprojekt abwechseln. In diesen Zwischenphasen bleibt es jedem Einzelnen selbst überlassen, sich professionelle (und womöglich teure) Trainingsmöglichkeiten zu suchen. Außerdem müssen fast immer mehrere Jobs – Tanzengagements und solche, die der Sicherung des Lebensunterhalts dienen – miteinander koordiniert werden, ein schwieriges Unterfangen, das zu Arbeitszeiten rund um die Uhr führen kann.

»Überhaupt: dass man sich um alles selbst kümmern muss ...«, stöhnt der freie Tänzer Adrian Navarro. Man kann sich als selbstständiger Künstler nicht ausschließlich der künstlerisch-kreativen Seite des Berufs widmen, sondern muss auch organisieren, Verwaltungsangelegenheiten erledigen, Finanzierungen sichern, Anträge schreiben, Marketing sowie Presse- und Öffentlichkeitsarbeit betreiben, Produktionen managen, sich um die Bühnentechnik kümmern, Kostüme und Requisiten anfertigen, nach Probenräumen und Trainingsmöglichkeiten suchen und sich parallel schon um zukünftige Projekte bemühen – alles Tätigkeiten, die Energie von der künstlerischen Kernarbeit abziehen und eine hohe Eigenverantwortung verlangen. Wer sich auf einem dieser Gebiete nicht kompetent fühlt, kann schnell überfordert sein; da ist es von Vorteil, wenn man mit Leuten zusammenarbeitet, die entsprechende Berufserfahrungen mitbringen. Allein das Beantragen öffentlicher Fördergelder verlangt vielfältige Fertigkeiten: Man muss das jeweilige Antragssystem durchschauen, die gerade modernen Themen kennen, um sie zu bedienen oder zu umschiffen, Konzepte verfassen, schreiben und über seine Arbeit sprechen können. Zum Glück existiert mittlerweile eine Infrastruktur wie etwa in Tanzbüros, -zentren und -spielstätten, die freischaffenden Tänzern einen Teil dieser Arbeit abnimmt oder sie zumindest berät.

Der große Vorteil des freien Arbeitens liegt für alle, die sich bewusst für diese Form entschieden haben, tatsächlich in der ›Freiheit‹ – sowohl strukturell als auch inhaltlich. »Da ich die finanzielle Unsicherheit gewohnt bin, kann ich viel stärker meinen eigenen Ideen folgen, ohne mich übermäßig Richtung Geldgeber zu verbiegen«, meint etwa die Tänzerin und Choreographin Sibylle Günther. Man könne eher seinen wirklichen Interessen nachgehen, es bleibe viel Raum für Experimente. Und besonders schätzen die freien Tänzerinnen und Tänzer die Tatsache, dass sie immer wieder Gelegenheit erhalten, Projekte mit Kollegen zu entwickeln, mit denen sie wirklich gerne kooperieren möchten und auch produktiv zusammenarbeiten können und mit denen sie oft in Netzwerken zusammengeschlossen sind. Ein weiterer Vorteil des Selbstständigen-Status ist, dass man sich flexibler auf seine individuelle Situation, also zum Beispiel auf Verletzungen oder familiäre Belange, einstellen kann – im Umkehrschluss muss man in der freien Szene allerdings auch extrem flexibel sein, um dort zu überleben. Dass die ›Freiheit‹ der freischaffenden Künstler relativ ist und zumeist durch die prekäre finanzielle und soziale Situation teuer erkauft, dürfte sich von selbst verstehen.

Von großer Bedeutung für freischaffende Tänzer ist die Stadt, in der sie leben. Nicht nur, dass die Chancen auf finanzielle Förderung an bestimmten Orten besser oder schlechter sind – Berlin beispielsweise stellt zwar durchaus Gelder für die freie Szene bereit, doch ist es aufgrund der starken Konkurrenz sehr schwer, ein Stück vom Kuchen zu ergattern. Auch andere Faktoren sprechen für oder gegen eine bestimmte Stadt: gleichgesinnte Künstler vor Ort, mit denen man zusammenarbeiten möchte, ein Publikum für die eigene Arbeit, günstige Probenräume, Aufführungsorte, ein gutes Trainingsangebot für Profis, gute Lehrer sowie interessierte Schüler für diejenigen, die selbst unterrichten – insgesamt hängen Freischaffende stark von der städtischen Infrastruktur ab. Fast alle freien Tänzerinnen und Tänzer sind jedoch auch darauf angewiesen, ihr Geld durch Touren in abgelegenere Gegenden und durch Projekte an vielen verschiedenen Orten zu verdienen, sprich: mobil zu sein.

Selbstständige Darsteller, die im kommerziellen bzw. im Unterhaltungssektor arbeiten, bleiben von Tätigkeiten wie dem Formulieren von Förderanträgen weitestgehend verschont, doch treffen viele der genannten Merkmale auch auf diese Gruppe zu. Der Zwang etwa, kontinuierlich neue Engagements zu akquirieren, die zumeist von kurzer Dauer sind, sich manchmal sogar nur auf eine einzelne Veranstaltung beziehen. Dies gilt insbesondere für alle, die ihr Geld mit Auftritten bei Events und (Fernseh-)Shows, als Tänzer für Sängergruppen oder Musikvideos, auf Messen, in der Werbeindustrie, in Freizeitparks, Ferienclubs oder auf Kreuzfahrtschiffen verdienen – Arbeitsbereiche, in denen noch vergleichsweise gute Honorare gezahlt werden. Tanzstilistisch finden sich hier auch viele Arten des Show und Jazz Dance, Street Dance und Hip-Hop sowie Folkloretänze – Richtungen also, die an den Stadttheatern häufig ausgeklammert bleiben. Im Übrigen können Tänzer sich auch im privatwirtschaftlichen bzw. im Show-Bereich auf die Suche nach einer Festanstellung begeben: So unterhalten beispielsweise Revue- und Varieté-Theater eigene Tanzensembles, und auch für mehrere Monate laufende Show-Produktionen werden von größeren Privattheatern häufig Angestelltenverträge vergeben.

Als Musicaldarsteller hat man in diesem Bereich verhältnismäßig gute Chancen. Diese Gruppe bedient einen eigenen Markt, in dem feste Stellen neben Angeboten für Selbstständige existieren. Feste Musicalkompanien gibt es lediglich an einigen wenigen staatlichen Theatern; im privaten Theatersektor und für das Tourneegeschäft werden die Stücke dagegen nicht auf ein festes Ensemble hin zugeschnitten, sondern passende Darsteller für die einzelnen Produktionen gesucht. Gerade die kommerziellen Großproduktionen, die en suite gespielt werden, bieten ihren Darstellern auch Jahresverträge und gute Verdienstmöglichkeiten. Ansonsten sind die Verträge entsprechend kurz, da stückgebunden, auch für die Gäste an einer staatlichen Bühne oder kleineren Off-Theatern. Alle, die sich mit Schwerpunkt Tanz im Musical zu etablieren hoffen, sollten sich darüber im Klaren sein, dass sie wahrscheinlich in der Gruppe landen werden, nicht im Kreis der Protagonisten. Denn für die meisten Hauptrollen gilt: Gesang steht an oberster Stelle, danach zählen die schauspielerischen Fähigkeiten, dann erst die tänzerischen.

Fest oder frei – beide Arbeitsformen ziehen unterschiedliche Menschentypen an und vereinen sie für längere oder kürzere Kooperationen in Gruppen. Auch wenn diese immer noch relativ getrennt, teilweise sogar hermetisch voneinander abgeschottet sind, gibt es doch zunehmend Überschneidungen und damit auch Durchmischung. Personen, die sich in der freien Szene einen Namen gemacht haben, leiten mittlerweile Stadttheater und bringen ihre eigenen Leute dorthin mit; auf der anderen Seite übernehmen Tänzer zwischen ihren festen Theaterengagements immer öfter Aufgaben als selbstständige Darsteller in freien Projekten. Gewisse choreographische Arbeitsweisen sind nicht länger auf die eine oder andere Sphäre beschränkt. Nach und nach weicht der Gegensatz zwischen ›fest‹ und ›frei‹ auf, da diese Arbeitsformen nicht mehr an bestimmte Orte und ästhetische Programme gebunden sind. Die Grenzen, so scheint es, verlaufen in vielen Fällen eher zwischen verschiedenen Tanzgenres mit ihren sehr unterschiedlichen Tanzkulturen und Zuschauerkreisen.

Im Job – Stimmen

»Als ich mit der Ausbildung fertig war, hatte ich überhaupt keine Ahnung, wo ich vortanzen sollte und welche Richtung mir überhaupt liegt. Ich hatte mir bis dahin ästhetisch über Tanz keine Gedanken gemacht. Und ich glaube, wenn ich einen besseren Überblick gehabt hätte, wäre ich einen anderen Weg gegangen.«
(Friederike Lampert, Choreographin und Tanzwissenschaftlerin)

»Schon während der letzten Phase meiner Ausbildung habe ich angefangen, Tanz zu unterrichten und in Projekten der freien Szene mitzumachen. Das war ein Übergangsprozess; das passierte, ohne dass ich es bewusst forciert hätte. Ich habe Leute kennengelernt und bin in deren Projekte mit eingestiegen, wurde gefragt, ob ich nicht einen Kurs übernehmen möchte, ob wir nicht einen Workshop oder ein Projekt zusammen machen wollen. Und so ging das eigentlich die ganze Zeit weiter.«
(Sibylle Günther, Tänzerin und Choreographin)

»Das ist schon eine große Umstellung, hier am Theater im Gegensatz zur Schule. Man muss viel schneller lernen, man hat kaum Zeit und zu viel Stress. Man bekommt weniger Korrekturen im Training und muss oft alleine üben. Zum Glück wird man mit der Zeit besser ...«
(Thomas Hart, Tänzer)

»Von der Ausbildung zur Arbeit in einem Ensemble – das ist eine radikale Veränderung, und dieser Übergang kann für junge Tänzer sehr schwierig sein. Wir erwarten, dass sie Eigenverantwortung übernehmen und sich die Choreographien selbstständig erarbeiten, dass sie sich zum Beispiel ein Video ausleihen und das Stück damit einstudieren. Denn wir können bei unserem Probenpensum, das sich aus dem riesigen Programm ergibt, nicht bei Null anfangen. Zwar gibt es zu Beginn jeder Spielzeit Nachstudierungsproben für die neu Engagierten, aber mehr auch nicht. Das bedeutet, dass man als neuer

Tänzer in so einem großen Ensemble schon strukturiert für sich arbeiten können muss. Man darf nicht darauf warten, dass einem gesagt wird, wie es zu gehen hat. Und das ist für viele, glaube ich, der Realitätstest schlechthin.«

(Christiane Theobald, Stellvertretende Intendantin Staatsballett Berlin)

»Sehr viele meiner Kollegen sind nach ein paar Jahren aus dem festen Betrieb ausgestiegen, vor allem Gruppentänzer. Zum einen, weil deren Primaballerinen-Traum nicht in Erfüllung gegangen ist, zum anderen aber auch, weil es physisch einfach extrem anstrengend ist, in der Gruppe zu tanzen. Für den Körper ist das auf gewisse Art viel schwerer, als solistisch zu tanzen: Er wird seit der Kindheit im Training auf das hin aufgebaut, was die Erste Solistin können muss, aber nicht auf das, was in der Gruppe gefordert wird – auf das dauernde angespannte Stehen zum Beispiel. Für Gruppentänzer wird die Choreographie nie angepasst. Und sie müssen jede Vorstellung tanzen.«

(Maria-Helena Buckley, ehemalige Tänzerin)

»In der Kompanie hier am Stadttheater werde ich nicht ewig bleiben. Prinzipiell finde ich es angenehm, eine gewisse Sicherheit zu haben, zumindest im Jahres- oder Halbjahresrhythmus. Vielleicht werde ich später noch furchtloser. Es ist einfach sehr anstrengend, sich wirklich monatsweise seine Arbeit zusammenzustückeln. Das ist mit viel Aufwand, Organisation und Reisezeit verbunden. Man ist extrem abhängig von seinen Netzwerken, von seiner Homebase, wo man Leute kennt, wo man die Stadt kennt. Das muss man sich über Jahre hinweg aufbauen.«

(Robin Rohrmann, Tänzer)

»Ich wollte nie in eine feste Struktur hinein. Ich habe mir das Stadttheater angeschaut, um mir die Bestätigung zu holen: Genau das will ich nicht. Das Leben als Freie ist nicht sicher. Aber ich würde das immer wieder machen, mit allen Risiken. Natürlich ist es nicht einfach

zu überleben. Man muss das wirklich machen wollen, sonst hält man das nicht durch. Ich glaube, dass es nicht ausreicht, nur eine Vorstellung von dem zu haben, was man sein möchte. Man muss an seine Arbeit glauben und sich pausenlos motivieren. Aber gleichzeitig muss man auch zweifeln oder zumindest Spaß haben am Zweifeln, denn sonst ist kein künstlerischer Prozess im Gang.«
(Frauke Havemann, Choreographin)

»Ich bin in das freie Arbeiten hineingewachsen. Wer ein ängstlicher Mensch ist und mit Existenzängsten zu kämpfen hat, für den ist der Beruf sowieso nichts, glaube ich. Egal, ob man an einem Haus ist oder frei unterwegs. Das freie Arbeiten hat viele Nachteile, aber auch viele Vorteile. Zum Beispiel kann ich meistens an Dingen arbeiten, die ich wirklich aus mir selber schöpfen kann. Sicher ist, dass man dafür unheimlich viel Energie braucht. Man kann sich nicht einfach abseilen; es hält einen kontinuierlich am Laufen. Letztendlich hängt es ganz stark mit der Liebe zu dem, was man tut, zusammen – der Beruf gibt einem ja auch so viel zurück, und das ist wirklich eine treibende Kraft.«
(Be van Vark, Choreographin)

»Von einigen wenigen Ausnahmen abgesehen, bekommen Tänzer in der freien Szene Berlins in kaum mehr als zwei Produktionen pro Jahr einen bezahlten Job. Theoretisch können sich die Tänzer aussuchen, mit welchen Choreographen sie zusammenarbeiten möchten. Andererseits scheint mir der ökonomische Druck so groß zu sein, dass nur wenige tatsächlich eine Wahl haben. Die meisten sind froh, überhaupt einen bezahlten Job zu bekommen. So gesehen würde ich das als Pseudo-Freiheit bezeichnen.«
(Walter Bickmann, Tänzer und Choreograph)

»In der freien Szene hat sich in den letzten 20 Jahren einiges getan. Es gibt einerseits mehr amateurhafte Leute und andererseits mehr professionelle Tänzer, deren Qualifikationen und technische Fähigkeiten in bestimmten Tanzrichtungen scheinbar nicht gesehen wer-

den. Die sind dann möglicherweise gelangweilt oder unzufrieden, wenn der Choreograph ihre Technik überhaupt nicht abruft, sondern sich auf andere Sachen konzentriert.«
(Sibylle Günther, Tänzerin und Choreographin)

»Ich habe ausschließlich von meinen Jobs im künstlerischen Bereich leben können, bis auf einmal Schluss war. Die Leute an den Theatern und in der freien Szene, die mich immer beschäftigt hatten, haben aufgehört. Die alten Kontakte sind weggebrochen, und neue kamen nicht dazu. Daran bin ich auch selber schuld: Ich habe mir in den letzten Jahren keine neuen Kontakte mehr aufgebaut, man muss weiterhin zu Auditions gehen und dieses Networking mitmachen. Aber das wollte ich mir in meinem Alter nicht mehr antun. Es war eine Art Generationswechsel.«
(Thomas Langkau, Tänzer und Choreograph)

»Einen klar vorgezeichneten Weg gibt es im künstlerischen Bereich nicht. Du bist gezwungen, dich immer wieder umzusehen und zu hinterfragen. Für mich hat sich das angefühlt wie Seiltanz: Bin ich noch auf dem Seil, halte ich die Balance oder trete ich schon daneben? Man spürt, wenn das, was man macht, nicht mehr das ist, was man machen möchte. Und das hat nicht nur mit dem künstlerischen Aspekt zu tun, sondern auch mit der Gesamtperspektive.«
(Astrid Posner, Tänzerin und Filmschauspielerin)

Unterstützung beim Berufseinstieg: Juniorkompanien & Co.

»Der schwierigste Schritt ist immer der erste Schritt in eine Kompanie oder in die Netzwerke der freien Szene. Wenn man den geschafft hat, ist das Wechseln zwischen den Kompanien oder innerhalb der freien Strukturen nicht mehr so problematisch. Aber wenn einem

in den ersten ein bis zwei Jahren kein guter Übergang gelingt, dann wird es sehr schwer.«
(Ingo Diehl, Professor für zeitgenössische Tanzpädagogik)

Natürlich kann es sein, dass alles ganz reibungslos läuft: dass noch während der Ausbildung ein Gastchoreograph auf den zukünftigen Absolventen aufmerksam wird und ihn im Anschluss direkt engagiert; dass der Studierende während des Studiums in freie Projekte einsteigt und nach seinem Abschluss mit den Künstlern, die er dort kennengelernt hat, weiter zusammenarbeitet; oder dass er im letzten Jahr ganz traditionell zu Auditions fährt und einen Job erhält. Bei den meisten Absolventen der Tanzausbildungsstätten wird es jedoch anders aussehen: Sie fühlen sich plötzlich alleingelassen, erleben den Übergang vom Studium in den Beruf als einen harten Schnitt und die Jobsuche als anstrengende, häufig erfolglose und entsprechend demotivierende Phase.

Um den Übergang fließender zu gestalten, wurden von den Schulen, von Institutionen wie Theatern, Tanzhäusern und Stiftungen sowie von den Akteuren innerhalb der Szene verschiedene Formen der Unterstützung ins Leben gerufen.

Darunter fallen zunächst die in die Tanzausbildung integrierten Maßnahmen: mehr Bühnenpraxis, die im besten Fall eine Schnittstelle zwischen Schule und Berufswelt bildet, an der bereits Kontakte zu Choreographen und Kompanien geknüpft werden können; die Arbeit mit Gastchoreographen; Praktika bei Kompanien; Aufbaustudiengänge, die Berufserfahrung vermitteln – all dies kann beim Einstieg helfen (vgl. »Ausbildung als Vorbereitung auf den Beruf«).

Im klassischen Sektor bietet auch die Teilnahme an *Ballettwettbewerben* die Möglichkeit, sich der Außenwelt zu präsentieren, Auftrittserfahrung zu sammeln, die eigene Leistung auf dem internationalen Berufsmarkt einzuschätzen und mit Künstlern und Kompanien in Kontakt zu kommen, die beim Berufseinstieg hilfreich sein könnten. Als Preise winken u. a. Stipendien für renommierte Schulen oder Trainings mit bekannten Ensembles.

III Der Sprung ins Berufsleben

Zu den *Abschlussaufführungen* vieler Ausbildungsstätten sind die Ballettdirektoren der Theater eingeladen, um den Nachwuchs zu sichten. Da sie die aktuellen Absolventen zumeist schon von den früher im Jahr angesetzten Auditions kennen, werden sie vor allem die nachfolgende Generation in Augenschein nehmen. Leider reisen viele der Direktoren jedoch aus Zeitmangel nicht an, sodass die Bedeutung dieser einen Aufführung häufig hinter den im Arbeitsprozess geknüpften Kontakten zu professionellen Künstlern / Theaterleitern und den Kompanie-Auditions zurücksteht.

Einen guten Einstieg in den Berufsalltag bieten *Juniorkompanien*, die einer professionellen Kompanie und / oder einer Ausbildungsstätte angegliedert sind. Sie sollen die Lücke zwischen Ausbildung und fertigem Theaterkünstler schließen, indem sie die nötige Berufspraxis vermitteln. Häufig fungieren sie tatsächlich als Sprungbrett in die Hauptkompanien oder in ein anderes Ensemble. Die erste Juniorkompanie rief Jiří Kylián 1978 mit der Gründung des Nederlands Dans Theater II ins Leben; aktuelle Beispiele im deutschsprachigen Raum sind die Junior Company des Bayerischen Staatsballetts, hervorgegangen aus einer Kooperation mit der Münchner Ballett-Akademie und der Heinz-Bosl-Stiftung, und John Neumeiers Bundesjugendballett in Hamburg. Das Folkwang Tanzstudio der Essener Folkwang Universität der Künste ist zwar offiziell keine Juniorkompanie, sondern ein selbstständiges, professionelles Ensemble, das aber an die Ausbildung und deren Master-Studiengänge Interpretation und Choreographie angeschlossen ist.

Auch die *Elevenprogramme* einiger Opernhäuser bilden Brücken in die Ballettensembles. Dabei können Kompanien und Ausbildungsstätten miteinander kooperieren, wie etwa im Falle der Dresdner Palucca Hochschule und des Semperoper Balletts, wo die Eleven mit der Kompanie trainieren, proben und auftreten und sich gleichzeitig an der Schule weiterbilden. Während der Elevenstatus offiziell als Teil der Ausbildung gesehen wird und die jungen Tänzer in der Vergangenheit auch entsprechend betreut wurden, findet man hier heute zumeist schon fertig ausgebildete Tänzerinnen und Tänzer, und es kommt vor, dass die Vergabe eines Elevenplatzes (vergleichbar einer Praktikantenstelle in weniger hierarchisch gegliederten Kompanien) als Mittel genutzt wird, um die Ausgaben für einen zusätzlichen Gruppentänzer zu sparen.

Für Absolventen, die in die freie Szene streben, sind die *Residenzprogramme* der Tanzhäuser wie Tanzquartier Wien (TQW), PACT Zollverein in Essen, fabrik Potsdam, tanzhaus nrw düsseldorf, K3 – Zentrum für Choreographie in Hamburg u. a. von Bedeutung. Die für eines dieser Programme auserwählten Tänzer-Choreographen erhalten die Möglichkeit, innerhalb eines Zeitraums von einigen Wochen bis mehreren Monaten die Infrastruktur des Zentrums zu nutzen, zu proben, zu experimentieren, ein Stück zu entwickeln und in vielen Fällen auch zu präsentieren. Häufig beinhalten die Residenzen auch Unterkunft und Verpflegung, Training sowie Unterstützung bei Technik, Dramaturgie, Projektmanagement und PR; andere Angebote wie etwa die »Probenraumresidenz« (K3) beschränken sich auf bestimmte Aspekte.

Darüber hinaus können sich Absolventen bei einer Reihe von Stiftungen und Institutionen um ein *Stipendium* bewerben: Arbeitsstipendien, Einstiegsförderung, Weiterbildungsstipendien, Auslandsstipendien und Reisestipendien unterstützen eigene Arbeitsvorhaben, weiterbildenden Unterricht bei wichtigen Choreographen / Lehrern und Studios, den internationalen Austausch, Arbeitstreffen und Gemeinschaftsproduktionen.

Einige *Festivals, Tanz- und Choreographieplattformen* haben es sich zur Aufgabe gemacht, den künstlerischen Nachwuchs zu fördern, und bieten Möglichkeiten, sich der Öffentlichkeit zu präsentieren und damit auf sich aufmerksam zu machen sowie Kontakte in die Branche zu knüpfen.

(Weitere Informationen zu Residenzen und sonstigen Fördermöglichkeiten, Festivals und Plattformen siehe Anhang.)

Auditions

Das Vortanzen bei Kompanien und Choreographen, die sogenannte Audition, stellt eine der wichtigsten Möglichkeiten dar, einen Job zu ergattern. Schon im letzten Studienjahr reisen die angehenden Tänzerinnen und Tänzer von Audition zu Audition auf der Suche nach einem Erstengagement. Eine Erfahrung, die häufig ernüchternd ist: Mit einer Nummer auf dem Rücken stehen sie nicht selten mit 200 anderen der insgesamt 500 Bewerber im Saal, und schon nach den ersten Übungen an der Stange werden sie mit einem »Danke« wieder verabschiedet, ein Feedback erhalten sie nicht. Das belastet nicht nur körperlich, sondern auch psychisch. »Ich habe zehn Stunden im Zug gesessen und dann 15 Minuten getanzt. Und am nächsten Tag musste ich mich wieder motivieren weiterzumachen«, erinnert sich der Tänzer Thomas Hart. Wiebke Bickhardt, die gerade ihre erste Bewerbungstour hinter sich hat, ergänzt: »Ich habe einige Auditions als ziemlich beklemmend empfunden. Es kann zu einer Art Fleischbeschau werden – ich kam mir manchmal vor wie auf einem Pferdemarkt.«

Je nach Branche haben die Auditions unterschiedlichen Charakter und Stellenwert. In der freien Szene etwa laufen Besetzungsprozesse mehr und mehr über Netzwerke, über die Bekannte angefragt oder Leute empfohlen werden. Es kann sein, dass die Auditions entfallen, nicht mehr als offene Vortanzen stattfinden oder nur noch abgehalten werden, um jemanden für eine ganz spezielle Rolle zu finden.

Bei der Stellenvergabe am Stadttheater sind Beziehungen ebenfalls von großer Bedeutung. »Viele Ballettdirektoren suchen Tänzer und halten Auditions ab, wissen aber eigentlich schon, wen sie engagieren möchten: Jemanden, den sie über Beziehungen kennen. Sie halten die Auditions nur ab, um die Auswahl zu vergrößern, um zu sehen, ob sie nicht doch jemand Besseren bekommen können«, berichtet der Tänzer Ramon A. John. Einzelne Stellen werden dann eventuell noch aus der Schar der Audition-Teilnehmer besetzt. Umso wichtiger ist es, dass man als Einsteiger bereits Kontakte zu professionellen Choreographen geknüpft hat.

Im kommerziellen und Unterhaltungssegment geht dagegen in der Regel nichts ohne Auditions. So sind sie zum Beispiel in den großen Musicalproduktionen, wo passende Bewerber für ganz bestimmte Rollen gesucht werden, *das* Tor zum Job. Zu einigen Tanzbereichen – etwa Musikvideos, Film und Fernsehen oder bestimmten Gala-Events – erhält man in der Regel nur noch über Agenten Zugang. Informationen und Einladungen zu Auditions bekommen die Tänzer dann über diesen Umweg.

Wohin auch immer der Weg führt: Als Anfänger wird man kaum um Auditions herumkommen, während erfahrenere Tänzer ihre Engagements in der Regel über eine Mischung aus Auditioning und Netzwerkkontakte finden.

Ablauf

Sofern es sich nicht um eine Open Audition handelt, zu der man ohne vorherige Anmeldung erscheinen kann, bewirbt man sich schriftlich mit Lebenslauf und Fotos um eine Einladung; welches zusätzliche Material eingereicht werden muss, verrät die jeweilige Ausschreibung. Schon auf dieser Stufe wird ausgesiebt – bei den großen klassischen Kompanien fallen teilweise die Hälfte der 600 bis 800 Bewerbungen raus, und in manchen zeitgenössischen Produktionen wird womöglich nur ein Zehntel der Bewerber zur langwierigen Audition gebeten.

Hat man die erste Hürde überwunden, muss man während der Audition vor allem den Kompanieleiter bzw. den Choreographen der Produktion von sich überzeugen und – je nachdem, wie das Gremium zusammengesetzt ist – auch deren Stellvertreter und die Ballettmeister.

Den typischen Ablauf einer Audition für das Corps de Ballet einer großen klassischen Kompanie beschreibt die Stellvertretende Intendantin des Staatsballetts Berlin Christiane Theobald: »Zunächst müssen alle Kandidaten ein Bewerbungsformular ausfüllen und angeben, woher sie kommen, welche Schule sie besucht haben, wo sie zuletzt engagiert waren, wie groß sie sind, was sie wiegen und so weiter. Außerdem bekommen sie eine Startnummer zugewiesen. Dieses Formblatt liegt der Jury vor, die das Training verfolgt. Es gibt ein Damen- und ein Herrentraining; falls es über 200 Bewerber sind, teilen wir diese in weitere Gruppen mit jeweils eigenem Stangentraining auf. Nach der Stange sortieren wir zum ersten Mal aus. Dann folgt als zweite Runde das Training im Center; danach wird wieder eine Auswahl getroffen. Am Ende bei den Sprüngen bleiben noch zwischen zehn und zwanzig Tänzerinnen und Tänzer übrig, und aus diesen sucht sich unser Intendant diejenigen aus, die am besten ins Ensemble passen. In dieser letzten Runde wird ihnen zudem eine kleine Choreographie gezeigt, die sie präsentieren müssen – nichts, was sie schon vorbereitet haben. Im Anschluss sprechen wir mit den Ausgewählten und lernen sie persönlich kennen.«

Ensembles dieser Größenordnung beachten bei der Besetzung normalerweise die Hierarchie: Neue Tänzer werden für das Corps de Ballet verpflichtet und rücken nach und nach auf; die Solisten werden bevorzugt aus den eigenen Reihen rekrutiert. Im Rahmen von Privat-Auditions werden jedoch durchaus auch Solisten von außen hinzuengagiert.

Bei kleineren Ballettkompanien, die nicht mehr zwischen Gruppentänzern und Solisten unterscheiden, sind die Auditions nicht auf bestimmte Stellengruppen ausgerichtet. Dort sieht vor allem die zweite Hälfte des Vortanzens häufig anders aus. Nach dem obligatorischen klassischen Training studieren die Bewerber eine Kombination aus dem Repertoire der Kompanie ein, wobei auch geprüft wird, wie schnell die Tänzer lernen und verstehen, was der Choreograph von ihnen möchte. Manchmal schließt sich ein modernes oder zeitgenössisches Training an, in seltenen Fällen auch eine Improvisation.

Ähnlich sieht es bei den zeitgenössischen Kompanien – egal ob fest oder frei – aus. Auch hier beginnt die Audition mit einem Techniktraining, das in den meisten Fällen ebenfalls ein Balletttraining ist, hin und wieder auch ein modernes oder zeitgenössisches. Auf die anschließende Präsentation einer Bewegungsphrase, die sich stilistisch auf das Repertoire der Kompanie bzw. des Choreographen bezieht, folgt zumeist eine improvisatorische Aufgabe – oder andersherum.

Je kleiner und zeitgenössischer die Kompanie oder das Projekt ist, desto länger und anstrengender ist in der Regel die Audition. Manchmal dauert sie acht Stunden, manchmal mehrere Tage. Der Tänzer Adrian Navarro schildert die Audition für eine kleinere freie zeitgenössische Kompanie, die er für relativ typisch in diesem Sektor hält: »Das Vortanzen hat sich über drei Tage gestreckt; ich bin nach dem zweiten rausgeflogen. Die Halle war so voll – um die 100 Leute –, dass ich noch nicht einmal die Choreographin vorne sehen konnte, die das Warm-up vorgemacht hat. Danach gab es ein paar Übungen, auch am Boden, dann vier Kombinationen. Bis zu diesem Punkt waren noch alle Leute dabei. Dann mussten wir drei Choreographien aus dem Repertoire der Kompanie tanzen, und anschließend sind wir ausgesiebt worden. Später haben wir einzeln improvisiert, ein bis zwei Minuten lang, während alle anderen zuschauten. Zu dem Zeitpunkt waren noch circa 70 Leute anwesend. Die Aufgabe lautete: ›Lauf von hinten nach vorne, stelle dich vor, lauf im Kreis und beginne zu improvisieren.‹ Danach war ich draußen.«

Für seine zeitgenössischen Projekte arbeitet der Choreograph Walter Bickmann zumeist mit Künstlern zusammen, die er schon kennt, doch hält er hin und wieder auch Auditions ab, um neue Tänzer zu finden: »Für mein letztes Projekt haben sich über 250 Tänzer aus der ganzen Welt beworben, nur für diese eine Produktion. Unglaublich. Es gab zwei freie Stellen; die anderen beiden am Projekt beteiligten Tänzer kannte ich bereits aus vorangegangenen Arbeiten. Im Vorfeld der Audition haben wir uns eingehend mit den online verfügbaren Informationen zu den einzelnen Bewerbern beschäftigt und dann 25 Tänzer zum Vortanzen eingeladen. Die Audition begann mit einem Modern-Training. Im Anschluss gab ich Improvisationsaufgaben, die in Form von Solos, Duetten und Trios realisiert werden sollten. Ich hatte zu diesem Zeitpunkt bestimmte Fragestellungen zur Thematik des Projekts im Kopf, die ich später bei den Proben bearbeiten wollte. Diese Fragen dienten bei der Audition als Ausgangspunkt für die Improvisationen, das hatte also schon Probencharakter.«

Werden Tänzer für Produktionen gesucht, in denen es stark auf ein gemeinsames Entwerfen mit dem Choreographen und der Gruppe ankommt, bedient man sich in jüngerer Zeit einer neuen Form von Audition. Diese gleicht einem mehrtägigen, kostenpflichtigen Workshop bei dem entsprechenden Choreographen, nach dessen Ende aus dem Kreis der Teilnehmer Darsteller für die nächste Produktion ausgewählt werden. Zu Recht bemängeln viele Tänzer, dass sie in diesem Fall nicht nur viel Zeit und Energie, sondern auch noch Geld in das Vortanzen investieren müssen.

Einen Kontrast zu diesen langwierigen Auswahlverfahren bilden die Auditions für Tanzensembles in ganz konkreten Shows. Beispiel Musical: Hier wird als Erstes abgeprüft, ob ein Bewerber die Choreographie der Produktion gut tanzen kann. Wichtig ist dabei, dass man die Bewegungen schnell lernt und umsetzt: Der Coach tanzt sie zweimal vor, danach können die Teilnehmer Fragen stellen; dann markieren alle gemeinsam die Choreographie, tanzen sie anschließend einmal aus und zeigen sie daraufhin in kleinen Gruppen.

Neben den öffentlich ausgeschriebenen Auditions mit ihren Massen an Bewerbern existieren auch private Auditions. Hierbei erhalten einzelne Tänzer und manchmal auch spezielle Kleingruppen die Möglichkeit, am täglichen Training einer Kompanie teilzunehmen und eventuell auch mit zu proben; die für Engagements zuständigen Personen sind dabei anwesend. Gerade Tänzerinnen und Tänzern mit mehr Erfahrung oder solchen, die der Leiter bereits aus anderem Kontext kennt, wird diese Option eingeräumt. In der Regel kommen solche privaten Vortanzen auf Eigeninitiative des Tänzers zustande, der sich mit der Kompanie in Verbindung setzt und einen Termin vereinbart. Hilfreich sind dabei vorhandene Kontakte zum Ensemble und Choreographen, Empfehlungen oder – bei Studierenden – Ankündigungen durch ihre Lehrer. Für die Tänzer hat das nicht nur den Vorteil, dass ihnen die psychische Belastung der Massenveranstaltung erspart bleibt. Sie können auch für sich besser beurteilen, ob sie überhaupt in einer bestimmten Kompanie arbeiten möchten: Passe ich hierher? Sind mir die Kollegen sympathisch? Wie ist die Stimmung in der Gruppe?

Auswahlkriterien

Bei jedem Engagement spielen Geschmacks- und Sympathiefragen eine grundlegende Rolle, zudem Überlegungen, welcher Typ, welche Persönlichkeit gerade benötigt wird und wer ins Ensemble, zum Repertoire, zur Produktion, zum Tanzstil und -konzept und zur Arbeitsweise des Choreographen passt. Je nach künstlerischem Leiter, Tanzform und -kompanie wird dabei unterschiedlichen Fertigkeiten unterschiedliches Gewicht beigemessen, wird eine Rangfolge der Bewerber erstellt und ausgewählt.

Für die klassischen Ballettensembles fasst es Christiane Theobald am Beispiel des Berliner Staatsballetts stellvertretend zusammen: »Zunächst zählt vor allem die Körperlichkeit. Der Bewerber muss harmonisch ins Bild unseres Ensembles passen. Wir achten zum Beispiel extrem auf die Füße: Wer keinen sehr schönen Spann hat, dem sage ich schon nach der Stange ›Dankeschön‹. Das ist eine rein ästhetische Frage. Außerdem suchen wir eine bestimmte Statur. Aber auch die ist Geschmackssache; andere Häuser präferieren ganz andere Sachen. Dann sind natürlich die technischen Möglichkeiten entscheidend: Hat der Bewerber eine blitzsaubere Technik? Das muss sein. Dazu kommt der künstlerische Ausdruck, die Bühnenpräsenz. Das ist ein ganz wichtiges Kriterium, genauso wie die Musikalität. Beim Stangentraining achten wir eigentlich ausschließlich auf die Physis des Einzelnen und auf seine Musikalität. Die Präsenz, die künstlerische Persönlichkeit zeigt sich erst im Center, wenn die Leute zum Tanzen kommen.«

Dass die Physis das erste Auswahlkriterium (und damit oft auch K.-o.-Kriterium) im Auditionprozess darstellt, ist in vielen Tanzbereichen gang und gäbe. Häufig wird ein Idealkörper gesucht, und ein halbes Kilo zu viel, keine gute Ausdrehung oder die falsche Größe können in vielen Ensembles eine unüberwindbare Hürde für einen ansonsten hervorragenden Tänzer bedeuten. Eine Entwicklung, die auch in den eigenen Reihen kritisiert wird, wie etwa von Caroline Llorca, Professorin an der Münchner Ballettakademie: »500 Gramm mehr oder weniger entscheiden vielleicht darüber, ob eine junge

Tänzerin engagiert wird. Ob sie eine wahre Künstlerin [...] ist, zählt demgegenüber wenig.«[24]

Branchen, in denen teilweise extrem nach äußerer Erscheinung und nach Typ besetzt wird, sind der kommerzielle und der Unterhaltungssektor. Dies trifft nicht nur auf Mode, Werbung und TV zu, sondern auch dort, wo Rollen für ein bereits existierendes Repertoire lizenzgerecht gecastet werden müssen. So stellt etwa Musicaldarstellerin Johanna Spantzel für ihr Metier fest: »Der Typ ist mit das Wichtigste, das ist ganz stark eine Frage der Optik. Bei den Auditions kommst du zur Tür rein, und wahrscheinlich ist die Entscheidung, ob du passt, schon im ersten Moment, wenn du deinen Namen nennst, gefallen.« Dass im Showgeschäft für die äußere Gestalt andere Normen gelten als etwa im klassischen Ballett, macht die Geschichte einer modernen Tänzerin deutlich, die dort jobbte: »In den meisten Fällen bin ich bei den Auditions so lange weitergekommen, wie ich ein langes Oberteil anhatte. An irgendeinem Punkt wurde ich immer aufgefordert, meine weiblichen Merkmale mehr zur Schau zu stellen, und sobald ich im Trikot dastand, flog ich raus. Zu wenig Rundungen.«

Weitere wichtige Kriterien sind Alter und Erfahrung der Bewerber. In vielen klassischen Ensembles werden beispielsweise gerne sehr junge Tänzer gleich nach Abschluss ihrer Ausbildung eingestellt. Der Grund: Die 18-Jährigen bringen eine hohe Ausdauer mit und lassen sich noch gut auf die Homogenität des Ensembles hin formen. In modernen oder zeitgenössischen Ensembles sieht es häufig anders aus. Prominentestes Beispiel ist Pina Bauschs Tanztheater Wuppertal: Die Choreographin lehnte Bewerber immer wieder mit der Begründung ab, dass sie noch zu jung seien, also weder die künstlerische Reife noch die Lebenserfahrung mitbrächten, die sie für die sehr persönliche improvisatorische Probenarbeit brauchten.

Welche Techniken ein Tänzer beherrschen muss, um im Vortanzen zu bestehen, hängt natürlich vom Repertoire der Kompanie bzw. vom Stil des künstlerischen Leiters ab. Muss er im Klassischen brillieren, vielleicht sogar einen bestimmten Stil (russisch, französisch etc.) vertreten? Muss er moderne Choreographien tanzen?

Braucht er eine gute zeitgenössische Bodentechnik, sollte er Hip-Hop beherrschen?

Ausschlaggebend kann auch sein, was für ein Typ von Tänzer gerade im Ensemble fehlt. Ist die Verteilung nicht ausgewogen, kann man unter Umständen nicht alle Rollen besetzen. Wenn die Partnerarbeit eine wichtige Rolle spielt, muss auch darauf geachtet werden, ob es für den Bewerber/die Bewerberin eine geeignete Partnerin/einen geeigneten Partner im Ensemble oder unter den neuen Kandidaten gibt. Dazu kommt, wie jemand innerhalb der Gruppe funktioniert: Kann er mit den anderen gut zusammenarbeiten?

Schließlich stellt sich die Frage, ob der Bewerber zur Arbeitsweise der Kompanie oder des Choreographen passt. Wie wichtig ist es etwa, dass er gut improvisieren kann, dass er eigene Ideen einbringt und das Stück im Probenprozess mitentwickelt? Und dass er erfahren in der Gruppenarbeit ist? Diese Auswahlkriterien können je nach Tanzbereich auf der Skala ganz oben rangieren, Merkmale wie Aussehen oder Alter sind dann entsprechend weniger wichtig.

Letztlich wird jeder künstlerische Leiter – egal welchen Stil und welche Branche er vertritt – bestimmte Typen von Tänzern bevorzugen. Mal wird eine typische physische Erscheinung, mal ein bestimmter Arbeits- oder Kommunikationstyp als passend empfunden. Auch im zeitgenössischen Tanz, dem ja generell eine größere Stiloffenheit unterstellt wird, muss sich der Kandidat in bestimmte Schemata einfügen. Manche Choreographen lehnen zum Beispiel bewusst klassisch ausgebildete Körper ab. Und eine Tänzerin berichtet, dass sie auf Auditions zwar häufig ein positives Feedback wie »Wow, du hast eine starke Ausstrahlung!« bekommt, doch leider selten engagiert wird, was sie unter anderem auf ihre stolze Körpergröße und dunkle Hautfarbe zurückführt, mit denen sie durch viele optische Raster fällt und aus der Menge heraussticht.

Einige Choreographen suchen wiederum einen ›Typ‹ im Sinne eines starken, unverwechselbaren Charakters. So etwa der freie Choreograph Thomas Langkau: »Ich schätze es, wenn der Tänzer Phantasie hat, wenn er kreativ ist. Und wenn er sich von anderen Menschen abhebt. Wenn er selbstständig arbeiten kann, wenn man Fragen stellt und er Antworten findet. Es ist natürlich hilfreich, wenn er ein wenig Technik mitbringt und hübsch aussieht. Aber das Wichtigste ist, dass er individuell ist. Ein Typ sozusagen.«

Welche Bedeutung dem Menschen als solchem zugemessen wird, unterstreicht auch sein Kollege Walter Bickmann: »Als Choreograph ist es entscheidend für mich, dass ein Tänzer versteht, was ich in meinen Stücken realisieren möchte. Dazu reicht es nicht, ein guter Tänzer zu sein; die Fähigkeit und die Bereitschaft, sich über den physischen Aspekt der Arbeit hinaus im künstlerischen Prozess auseinanderzusetzen, ist dabei genauso wichtig. Tänzer sollten ein Bewusstsein für die choreographische Form haben, die der jeweilige Choreograph vertritt.«

Am Ende kommt es bei einer Audition auf das möglichst ideale Matching zweier (und mehr) Personen an, auf die Chemie, auf die körperliche und geistige Verwandtschaft. Entsprechend wichtig ist daher auch die gesamte Kommunikation in einem Vortanzverfahren, die viel über den Charakter des Gegenübers verrät.

Vorbereitungsmöglichkeiten

Sich auf eine Tanz-Audition gezielt vorzubereiten, ist verhältnismäßig schwierig, da man zu einem Vortanzen – im Gegensatz zum Vorsprechen im Schauspiel etwa – selten etwas Vorbereitetes mitbringen muss. Natürlich muss die Grundlage stimmen, und die hat man sich über Jahre hinweg hart erarbeitet: in der Ausbildung und später im Training. Kein Wunder, dass eine Vorbereitungsmethode besonders häufig genannt wird: »Ich versuche, durch mein tägliches Trainieren in möglichst guter Form zu sein.« Einige Tänzer berichten, dass sie manchmal vor einer Audition ein spezielles Training besuchen, wenn sie genau wissen, was für eine Stilrichtung der jeweilige Choreograph vertritt.

Um sich in die ungewohnte Situation einzufinden und mit der eigenen Nervosität umgehen zu lernen, hilft es, eine Audition-Praxis zu entwickeln, sprich: an vielen Auditions teilzunehmen. Wer allerdings blind zu allen Vortanzterminen fährt, häuft aller Wahrscheinlichkeit nach nur Frust an. Denn Erfolg hat in der Regel, wer zur Kompanie und zum künstlerischen Leiter passt. Was also unbedingt zur Vorbereitung gehören sollte, ist, sich vorab über beide zu informieren und dann gezielt zu ausgewählten Auditions zu reisen – das spart viel Zeit und Geld. Thomas Hart, der ein Erstengagement in einer Stadttheaterkompanie erhalten hat, erinnert sich an sein Vorgehen:

»Mir war klar, dass ich als Mann zu klein für die großen klassischen Kompanien bin. Daher habe ich mich gezielt nur bei kleineren Kompanien beworben. Ich habe versucht herauszufinden, welche am besten zu mir passen. Auf den Homepages habe ich zum Beispiel geschaut, wo die Tänzer jeweils herkamen, was für eine Ausbildung und Erfahrung sie hatten, und dann habe ich mich selbst dazu in Beziehung gesetzt. Und durch die Bilder konnte ich abschätzen, ob ich von meinem Körper her ins Ensemble passe. Wichtig war außerdem, was für ein Repertoire die Kompanie spielt und was für Choreographen dort arbeiten. Dafür habe ich auch viele Kritiken gelesen – und so auch erfahren, wie die Theater qualitativ eingeschätzt werden.«

Ein besonders intensives Kennenlernen der Stilistik einer Kompanie ermöglicht sicherlich ein Praktikum, bei dem man in den Proben das Repertoire mitlernen darf; durch die Teilnahme an einem Workshop bei einem Choreographen kann man sich mit dessen Arbeit vertraut machen. Wer genau weiß, mit wem er arbeiten möchte, hat es leichter, den Weg zu seinem Wunschengagement in Angriff zu nehmen. Ein extremes Beispiel stellt das mittlerweile legendäre ›Auditioning‹ eines ehemaligen Tänzers von William Forsythe dar, der unbedingt zum Ensemble des berühmten Choreographen gehören wollte. Er studierte das Forsythe-Stück ein, mit dem die Kompanie zu der Zeit tourte, nähte sich ein Kostüm, reiste dem Ensemble bis nach Australien hinterher, kaufte sich ein Ticket für die erste Reihe und sprang in einem passenden Augenblick auf die Bühne, um die halb improvisierte Choreographie mitzutanzen. Die Zuschauer hielten seinen Auftritt für einen Teil des Stücks. Und Forsythe engagierte ihn. Diese Verrücktheit konnte natürlich nur funktionieren, weil der Tänzer nicht nur technische Brillanz, sondern ebenso weitreichende

Kenntnisse des künstlerischen Konzepts Forsythes mitbrachte und sein hochkomplexes Improvisationssystem beherrschte – und weil seine eigenwillige Aktion zum ästhetischen Rahmen des Stücks passte. Auch wenn es sich hier um einen absoluten Einzelfall handelt, zeigt er doch deutlich, was für ein Merkmal entscheidend bei einer Audition sein kann: echtes Interesse an der Arbeit des Künstlers, bei dem man sich bewirbt.

Jobvermittlung und Agenten

Informationen zu Vakanzen an Theatern und Auditions liefern Tanzzeitschriften sowie Tanz- und Jobportale im Internet (siehe Liste im Anhang). Auch Aushänge in Tanzausbildungsstätten, -zentren und Theatern sowie die Homepages und Social-Media-Auftritte der Tanzkompanien helfen weiter. Viele Neuigkeiten verbreiten sich unter Kollegen auch per Mundpropaganda.

Im Gegensatz etwa zur Schauspielbranche existieren für Bühnentänzer im klassischen und zeitgenössischen Feld so gut wie keine Agenturen. Der Grund: Es rentiert sich nicht. Außerdem stünden diese Vermittler den künstlerischen Leitern eher im Weg, wie es die freie Choreographin Frauke Havemann auf den Punkt bringt: »Was für eine Agentur wäre das? Angenommen, du suchst als Choreographin Leute – was schaust du dir an? Wohl kaum Videos von Tänzern. Lieber machst du eine Audition bzw. nimmst Leute, die du kennst.«

Eine Institution, die provisionsfrei Agententätigkeiten übernimmt, ist die Künstlervermittlung der Zentralen Auslands- und Fachvermittlung (ZAV) der Bundesagentur für Arbeit. Nach einem Vortanzen entscheidet der zuständige Mitarbeiter, ob der Tänzer in die Kartei aufgenommen wird; ist er einmal drin, erhält er per E-Mail-Verteiler Stellenangebote zugeschickt.

Lediglich die großen internationalen Stars u. a. der klassischen Ballettszene stehen bei Agenturen, die sich über Prozente der Einnahmen ihrer Künstler finanzieren und meist im Ausland sitzen, unter Vertrag. Sie managen die Engagements ihrer Klienten und handeln deren Verträge und Gagen aus. Ansonsten existieren im deutschsprachigen Raum vor allem Agenturen, die Kompanien und Choreographen mit ihrem Repertoire vertreten und ihnen Gastspiele, Festivalauftritte, kommerzielle Engagements und Koproduzenten vermitteln. Um dort aufgenommen zu werden, muss man sich bereits einen Namen gemacht haben.

In einigen Bereichen spielen Agenturen allerdings eine wichtige Rolle: im Event-Sektor etwa und für Film und Fernsehen. Dort werden Audition-Termine teilweise ausschließlich an die Agenturen weitergegeben oder Darsteller für bestimmte Anlässe direkt angefragt. Um in eine solche Agentur aufgenommen zu werden, muss man normalerweise bereits Erfahrung vorweisen und/oder ein extrem interessanter Typ sein. Als Agenten betätigen sich auf diesem Feld auch Show-Choreographen mit einem eigenen Pool von Tänzern, indem sie komplette Acts oder einzelne ihrer Leute vermitteln. Im Musical werden die Agenturen ebenfalls immer wichtiger: Sie unterhalten zum Beispiel gezielt Verbindungen zu Festspiel- und Festivalveranstaltern und damit zu Jobmärkten, in die man sonst nur relativ schwer hineinkommt.

Netzwerke(n)

»Ich arbeite mit Tänzern, die meines Weges kommen. Tatsache ist, dass mir über die Arbeit sehr viele Leute begegnen. Und es gibt auch künstlerische Gemeinschaften: Zum Beispiel habe ich einen Kollegen in Frankreich, mit dem ich viel zusammen mache, der eine eigene Gruppe von Tänzern hat, die er ansprechen kann; das sind Personen seines Vertrauens. Und umgekehrt. Natürlich gibt es manchmal keine andere Möglichkeit, als Auditions abzuhalten, und es gibt auch Leute, die ihre Tänzer gerne so suchen. Ich mag die Arbeitsweise und die Auswahlverfahren von Auditions nicht, denn was weißt du schon nach einem Tag?«

Be van Vark, freie Choreographin und Leiterin von tanztheaterglobal, spricht damit ein für die freie künstlerische Szene typisches Vorgehen an: Tänzerjobs werden bevorzugt über persönliche Kontakte vergeben. Hier hat das Networking dem blinden Vortanzen längst den Rang abgelaufen. Und auch in Castingprozessen im Stadttheater werden Beziehungen immer wichtiger (vgl. das Kapitel »Auditions«).

Kontakte müssen aufgebaut werden und wollen gepflegt sein. Schon die Netzwerke, die man in der Ausbildungszeit knüpft, können sich für den Einstieg in den Beruf auszahlen. Wer außerdem versucht, bei Tanz-, Choreographie- und Austauschplattformen dabei zu sein, sich auf Tagungen und Symposien tummelt oder bei interessanten Lehrern Unterricht nimmt und Workshops besucht, kann auch dort Gleichgesinnte kennenlernen und sich in neuen Kreisen bewegen.

Sarah Menger, freie Tänzerin in Berlin, hat die Erfahrung gemacht, dass sich aus einem Projekt mit einem namhaften Choreographen kontinuierlich weitere Kontakte zu anderen Projekten und zu Künstlern ergaben, mit denen sie im Anschluss wiederholt zusammengearbeitet hat – fast ausschließlich Leute, die sie mag und die teilweise zu Freunden wurden. Sie sieht das Networking auch als einen Mehrwert bei Projekten, wo es nur wenig und manchmal gar kein Geld zu verdienen gibt: »Häufig ist es wichtig, Jobs anzunehmen, weil sie einen indirekten Nutzen haben: weil sie für die Sichtbarkeit wichtig sind, weil sie Kontakte herstellen, weil sich Kooperationen mit spannenden Leuten ergeben oder weil man Zugang zu bestimmten Orten und Institutionen erhält.«

Ein wichtiger Knotenpunkt des Netzwerks vieler freier Tänzer ist das regelmäßige Profitraining, das sie an Orten ihrer Wahl absolvieren. Hier werden Neuigkeiten zum Beruf, zu Jobangeboten, Projekten und Personen ausgetauscht. Wer keine Gelegenheit hat, bei einer festen Kompanie mitzutrainieren, oder sich sein Training nicht gemeinsam mit Kollegen selbst organisiert, wird seine Übungen wahrscheinlich an einem der Orte exerzieren, die ein einschlägiges Tanzprogramm anbieten und damit auch zum Netzwerk zählen: an den Tanzzentren und Tanzhäusern in den großen Städten, in Ballett- und Tanzstudios.

Online-Netzwerke unterstützen das allgemeine Networking, können den persönlichen Kontakt aber nicht ersetzen. Facebook etwa nutzen viele Tänzer, um die Verbindung mit Kollegen in aller Welt aufrechtzuerhalten. Eine Reihe von Kompanien und Tanzinstitutionen sind mittlerweile in den Social Media aktiv. Außerdem informieren Newsletter und E-Mail-Verteiler – sei es von ehemaligen Lehrern, sei es von Tanzinstitutionen und -portalen – über Unterrichtsangebote, Auditions, Wettbewerbe und sonstige Neuigkeiten aus der Tanzwelt.

Video-Clips im Internet bieten bewegtes Anschauungsmaterial zu bestimmten Stücken, Choreographen, Kompanien und Tanzstilen und werden auch von Kuratoren und sonstigen Tanzveranstaltern gerne durchkämmt. Für freie Tänzer und Choreographen wird es daher zunehmend wichtiger, sich im Netz mit Video und Visitenkarte bzw. eigener Homepage zu präsentieren.

»Netzwerke, weltweit gespannt, sind die Betriebssysteme der 90er-Jahre geworden. Sie verhelfen der nichtinstitutionalisierten Tanzszene zum internationalen Transfer, Austausch und zur Verbreitung.«[25] Was die Tanzhistorikerin Patricia Stöckemann 2003 feststellte, trifft bis heute unverändert zu. Dank dieser Netzwerke konnte eine Infrastruktur entstehen, die das professionelle freie Arbeiten erleichtert, wenn nicht sogar erst ermöglicht. Kontakte zwischen Kuratoren, Theatern, Choreographen und Festivalleitern sorgen für weltweite Auftrittsmöglichkeiten und Koproduktionen. Knotenpunkte bilden unter anderem spezielle Tanzhäuser und -bühnen, die miteinander kooperieren und deren Programm von diesen Gastspielstrukturen und dem Austausch der Gäste lebt.

Im Zuge solcher Kooperationen werden Künstler, die sich schon einen gewissen Namen gemacht haben, unter Direktoren, Intendanten, Kuratoren und Veranstaltern weitergereicht – jeder möchte in seinem Haus und auf seinem Festival tänzerische Publikumsmagneten präsentieren. Insofern haben sich diese Netzwerke selbst zu eigenständigen ›Institutionen‹ entwickelt mit eigenen Aufnahmebedingungen und -hürden. Die Tänzer und Choreographen, die von diesen Strukturen profitieren möchten, müssen mit ihren Arbeiten in die Kategorien der Veranstalter passen; sie müssen sich entscheiden, wo sie sich positionieren und ob und wie sie auf Modetrends reagieren.

Um sich in diesen Systemen möglichst erfolgreich zu bewegen, haben sich viele Selbstständige zu Produktionsnetzwerken zusammengeschlossen, die Energien und Know-how bündeln. Sollten sich Tänzer und Choreograph überfordert fühlen bei der Vermarktung, dem Verfassen von Anträgen und den vielfältigen administrativen und produktionstechnischen Aufgaben, ist es sicher von Vorteil, Spezialisten ins Boot zu holen. Für Bereiche wie das Produktionsmanagement gibt es zum Beispiel spezielle Anbieter, die bei Bedarf engagiert werden können. Ob man es selber tut oder sich Hilfe holt – wichtig ist heute vor allem, dass in Tanzkreisen, unter Kuratoren, Leitern und in den Medien über die eigene Arbeit gesprochen wird. Nur so ist es möglich, seine Produktionen irgendwo unterzubringen und Gelder zu erhalten.

Soziale Absicherung

Dass es um die finanzielle Sicherheit von Tänzerinnen und Tänzern nicht zum Besten steht, dürfte inzwischen deutlich geworden sein. Zeiten der (drohenden) Arbeitslosigkeit gehören für die meisten zum Alltag. Und auch in punkto Absicherung im Krankheitsfall oder Rente sowie bei der Unterstützung von Umschulungen und Weiterbildungen haben Tänzer mit speziellen Problemen zu kämpfen, auf die die vorhandenen Sicherungs- und Fördersysteme selten zugeschnitten sind.

Eine grundlegende Schwierigkeit, überhaupt an den Leistungen der Sozialsysteme eines bestimmten Landes teilzuhaben, ergibt sich daraus, dass Tänzer im Laufe ihrer Karriere zumeist in mehreren Ländern beschäftigt sind. In welche Kassen welchen Landes zahlen sie ein? Können Ansprüche über Landesgrenzen hinweg übertragen werden? Innerhalb Europas ist es mittlerweile möglich, seine Ansprüche auf Sozialversicherungsleistungen im Haupt-Arbeitsland aufrechtzuerhalten bzw. einen Teil seiner Ansprüche mitzunehmen, ins außereuropäische Ausland aber nicht.[26] Dazu kommt für außereuropäische Tänzer das Problem Arbeitserlaubnis. Um eine solche zu erhalten, ist oft eine bestimmte Form der Beschäftigung, etwa eine Festanstellung, Voraussetzung.

Im Fall von Arbeitslosigkeit haben diejenigen, die mindestens zwölf Monate am Stück fest an deutschen Theatern engagiert waren und in die Arbeitslosenversicherung eingezahlt haben, in der Regel einen Anspruch auf Arbeitslosengeld I, mit dem sich die Zeit bis zu einem neuen Engagement relativ gut überbrücken lässt. Wesentlich härter trifft es alle, die frei arbeiten und aufgrund ihrer kurzen Engagements und ihres dauerhaften Selbstständigen-Status nie in die Arbeitslosenversicherung einzahlen konnten: Sie können allenfalls den niedrigeren Sozialhilfesatz (Hartz IV) beantragen. Wegen der extrem schlechten Bezahlung in diesem Bereich ist es zudem an der Tagesordnung, dass Tänzer ihre Einkünfte bis zum Sozialhilfesatz aufstocken lassen müssen. Die Alternative, verschiedene Nebenjobs, scheitert immer wieder an den Arbeitsbedingungen des Tänzerberufs: Eine Tanzproduktion erfordert in der Regel eine intensive Probenphase im Block von einigen Wochen plus einer Reihe von Abendvorstellungen; dies kollidiert nicht selten mit den Erfordernissen bestimmter Jobs und den Ansprüchen von Arbeitgebern.

Auch in Bezug auf die Kranken- und Pflegeversicherung kann es Schwierigkeiten geben. Während fest angestellte Tänzer in Deutschland über den Arbeitgeber gesetzlich kranken- und pflegeversichert sind, müssen Selbstständige für ihre Beiträge selbst aufkommen; das kann einen großen Teil des Lohns ausmachen, da der Krankenkassenmindestbeitrag für Selbstständige sich an einem höheren Einkommen als dem der meisten Tänzer orientiert. Abhilfe schafft hier die Künstlersozialkasse (KSK), die ihre Mitglieder mit einkommensgerechten Beiträgen versichert, diese mit dem Arbeitgeberanteil aufstockt und über die außerdem noch Beiträge in die gesetzliche Rentenkasse abgeführt werden. Krankenversichert zu sein bewahrt einen Tänzer im Verletzungsfall allerdings nicht immer vor finanziellen Engpässen: Behandlungsmethoden von Spezialisten wie zum Beispiel Osteopathen, die sich im Tanzbereich bewährt haben, werden von den Krankenkassen nicht übernommen und müssen aus eigener Tasche bezahlt werden.

Bei Berufsunfähigkeit aus gesundheitlichen Gründen springt normalerweise die Deutsche Rentenversicherung (DRV) oder eine der deutschen Unfallkassen ein und finanziert eine berufliche Rehabilitation und/oder eine Erwerbsminderungsrente – vorausgesetzt, man hat lange genug in diese Kassen eingezahlt, was normalerweise auf die Angestellten der öffentlichen Theater und auf die Mitglieder der Künstlersozialkasse zutrifft. Allerdings sind die ausgezahlten Summen häufig minimal und reichen nicht zum Leben. Ein großes Problem stellt eine (zusätzliche oder alleinige) private Unfallversicherung für Tänzer dar. Da das Unfallrisiko in diesem Beruf sehr hoch ist, ist kaum ein Anbieter dazu bereit, es abzusichern und die möglicherweise enormen Folgekosten zu tragen. Und mit vielen der existierenden privaten Angebote haben Tänzer schlechte Erfahrungen gemacht: Bei Unfällen, die zu zeitweiliger Berufsunfähigkeit führten, mussten sie oft jahrelang gerichtlich um ihr Geld kämpfen, weil die Versicherungen sich weigerten, zu zahlen. Letztlich ist die Mehrheit der Tänzer nicht privat unfallversichert – was verheerende finanzielle Folgen haben kann, wenn kein Geld für potenzielle Notfälle beiseite gelegt werden konnte.

Von existenzieller Bedeutung ist darüber hinaus die Altersvorsorge, da eine Tanzkarriere zeitlich stark begrenzt ist. Angestellte an städtischen Theatern zahlen nicht nur in die gesetzliche Rentenversicherung ein, sondern zusätzlich in die Rentenpflichtversicherung der Bayerischen Versorgungskammer der Versorgungsanstalt der deutschen Bühnen (VddB). Diese Versicherung soll die Altersarmut ihrer Künstler verhindern und sieht eine Sonderregelung speziell für Tänzer vor: Wenn sie ihre Karriere endgültig beenden, können sie sich entweder freiwillig weiterversichern oder sich ihre Beiträge verzinst als sogenannte Tänzerabfindung auszahlen lassen, um einen beruflichen Neustart, das heißt eine Weiterbildung, ein Studium oder den Einstieg in die Selbstständigkeit zu finanzieren. Da immer mehr Tänzer abwechselnd fest angestellt und selbstständig arbeiten, nimmt allerdings die Zahl derer, die in den Genuss einer passablen Abfindung bzw. eines ausreichenden Altersruhegeldes kommen, ab. Die freischaffenden Künstler trifft es besonders hart: Sie steuern in der Regel auf eine prekäre Rentensituation zu, selbst wenn sie über die Künstlersozialkasse in die gesetzliche Rentenversicherung eingezahlt haben; viele werden im Alter auf die Leistungen der Grundsicherung angewiesen sein, wenn sie nicht privat vorgesorgt haben – wozu ihr Einkommen jedoch häufig nicht ausreicht.

Um im Anschluss an die Tanzkarriere eine Umschulung zu finanzieren, können sich Tänzer zunächst an die Bundesagentur für Arbeit wenden. Sowohl bei denjenigen, die nach einer Festanstellung Anspruch auf Arbeitslosengeld I haben, als auch bei denen, die als selbstständige Tänzer Arbeitslosengeld II beziehen würden, besteht eine Chance, dass die Kosten übernommen werden; ob dies passiert, liegt in gewissen Grenzen im Ermessen des jeweiligen Beraters. Generell bezahlt die Bundesagentur für Arbeit nur zweijährige Maßnahmen – was für Tänzer ein Problem darstellen kann, da viele der von ihnen bevorzugten Berufe im Gesundheitsbereich wie beispielsweise Physiotherapeut eine dreijährige Ausbildung erfordern. Über Lösungen wird zurzeit nachgedacht. Andere Finanzierungsmöglichkeiten stellen die oben beschriebene Abfindung der Bayerischen Versorgungskammer oder Ausbildungskredite der staatlich geförderten KfW-Bank dar.

Diejenigen, die sich nach dem Tanzen für ein Studium entscheiden, sollten unbedingt beachten, dass sie nur bis zu einem gewissen Alter Studienbeihilfe (BAföG) beantragen können: in der Regel vor Vollendung des 30. bzw. bei Master-Studiengängen des 35. Lebensjahres. Mögliche Unterstützung bieten darüber hinaus Studienkre-

dite und Stipendien der öffentlichen Hand und verschiedenster Stiftungen.
(Weiterführende Adressen zu Themen der sozialen Absicherung finden sich im Anhang.)

Nach der Tanzkarriere: Transition und alternative Berufe

»Viele Tänzer fühlen sich lange nach dem Ende ihrer Karriere immer noch als Tänzer, auch 70-Jährige.«

(Heike Scharpff, Projektleiterin
Stiftung Tanz – Transition Zentrum Deutschland)

Ist ein Tänzer tatsächlich irgendwann kein Tänzer mehr? Selbst wenn er sich emotional, vom Charakter und der körperlichen Veranlagung her nach wie vor als Tänzer fühlt und womöglich in seiner Freizeit weiterhin aktiv bleibt, kommt doch bei jedem der Zeitpunkt, da sich seine professionelle Tanzlaufbahn dem Ende zuneigt. Die meisten werden sich spätestens in ihren Dreißigern nach einer beruflichen Alternative umschauen müssen – wobei sich diese Grenze gerade bei einigen Spielarten des modernen / zeitgenössischen Tanzes, im Tanztheater- und Performance-Bereich deutlich nach hinten verschieben kann.

Ein häufiger Auslöser dafür, sich über die Beendigung der Tanzkarriere und die Umschulung in einen neuen Beruf Gedanken zu machen, ist das Gefühl, körperlich an eine Grenze zu stoßen. »Irgendwann trifft es zusammen: Der Eindruck, dass es körperlich nicht immer auf dem gleichen Level weitergehen kann, und die Vernunft, die sagt, dass man sich sowieso irgendwann um das Danach kümmern muss. Und dann rufen sie bei uns an«, schildert Heike Scharpff ihre Erfahrung mit den Tänzern, die sie zum Thema Transition berät.

Zu den physischen gesellen sich oft psychische Gründe: Manche

Tänzer sind dem zunehmenden Druck nicht mehr gewachsen, andere möchten sich nicht länger von unterschiedlichen Seiten ausnutzen lassen. Und gerade in der freien Szene spielt die prekäre ökonomische Situation eine entscheidende Rolle: Irgendwann ist der Punkt erreicht, an dem man keine Lust mehr hat, ohne Bezahlung zu tanzen, weil man einen bestimmten Lebensstandard halten möchte; an dem man einsieht, dass drei bis vier parallele Jobs auf Dauer zu viel Kraft kosten. Der Punkt, an dem man sich eingestehen muss, dass man keine existenzielle Grundlage hat. Gerade in Kombination mit dem Wunsch nach Kindern und einer Familie führt das in vielen Fällen zu der Entscheidung gegen das professionelle freie Tanzen.

Einen Vorteil haben die selbstständigen gegenüber den fest angestellten Tänzern jedoch: Der Übergang in einen anderen Beruf erfolgt in der Regel reibungsloser, weil die meisten von ihnen bereits mehrere berufliche Standbeine haben und sich im besten Fall nur ihr Arbeitsschwerpunkt verschiebt. Für diejenigen, die durchgehend als Tänzer angestellt waren, kann das Ende ihrer aktiven Tanzlaufbahn dagegen einen radikalen Bruch bedeuten. Sie haben womöglich alles für den Tanz gegeben und wenig anderes kennengelernt, und ein Leben ohne Tanzen ist für viele unvorstellbar. Da wundert es nicht, dass das Thema ›Transition‹ während der Tanzkarriere weitgehend verdrängt wird. Viele handeln nach dem Motto: »Jetzt kümmere ich mich erst mal um meine erste Karriere – das erfordert sowieso meine ganze Energie –, und dann mache ich mir um meine zweite Sorgen.« Was umso leichter fällt, als die meisten Themen, die mit dem Aufhören einhergehen, innerhalb der aktiven Szene tabuisiert sind: Alter, Verletzungen und sinkende Leistungsfähigkeit. Entsprechend hoch ist die psychische Belastung für die Ausscheidenden. Der Kontakt zu den Ex-Kollegen bricht häufig vollständig ab; das Lebensumfeld und der Alltag ändern sich radikal. Und wer sich bisher ausschließlich über seinen Tanz definiert hat, der plagt sich mit Minderwertigkeitsgefühlen und findet keinen Platz mehr für sich in der Gesellschaft.

Dabei tun sich für Tänzer mit ihrer Einsatzbereitschaft, Disziplin, Leidenschaft und ihrem Durchhaltevermögen, mit ihrem Schatz an physischen Erfahrungen und ihrer Fähigkeit zur Teamarbeit und zum Präsentieren viele alternative Berufsfelder auf.

Naheliegend sind zunächst einmal die Gebiete, die direkt an den Tanz anknüpfen. So kann man als *Tanzpädagoge* Laien und Profis aller Altersstufen unterrichten oder coachen – ein Beruf, der von vielen Selbstständigen bereits parallel zu ihrer Tanzkarriere ausgeübt wird. Oder man leitet als *Ballettmeister* das tägliche Training einer Kompanie, unterstützt die Proben und übernimmt die Abendspielleitung bei Repertoirevorstellungen. Möchte man eigene künstlerische Ideen und Projekte realisieren, wechselt man wahrscheinlich ins Feld der *Choreographie*. Und diejenigen, die sich besonders für die Notation von Bewegung interessieren, können sich zum *Choreologen* weiterbilden – im Zeitalter von Video & Co. allerdings ein Nischenberuf. Ein boomendes Betätigungsfeld für Tanzpädagogen und Choreographen bietet der *Community Dance*, das heißt die Projektarbeit mit unterschiedlichsten Laiengruppen wie Schülern, alten Menschen, Behinderten, ethnischen Minderheiten, Gefängnisinsassen etc. Im Gesundheitsbereich finden sich dann diejenigen wieder, die als *Tanztherapeut* oder als *Tanzmediziner* beschäftigt sind.

Gesundheit und Wellness sind auch Themen der vielen weiteren Berufe, die mit Körperarbeit zu tun haben. Lehrer für Yoga, Pilates, Feldenkrais oder Alexander-Technik, Physiotherapeut, Ergotherapeut, Wellnessberater und Fitnesstrainer sind hierfür nur einige prominente Beispiele.

An Tanz oder Kultur knüpfen wiederum eine Reihe von geisteswissenschaftlichen Studiengängen wie Tanz- und Theaterwissenschaft, Medien-, Kunst- und Kommunikationswissenschaft, Kulturmanagement und -journalismus an. Tanzdramaturgen, Pressesprecher von Theatern und Kulturinstitutionen, Tanzkritiker, Kultur- und Produktionsmanager, Kuratoren und Leiter von Tanzeinrichtungen zum Beispiel haben häufig derartige Studiengänge absolviert.

Gerne ergreifen ehemalige Tänzer auch andere Berufe am Theater oder in der Kunstszene, die sie schon kennen: etwa den des Masken- und Kostümbildners, Tanz- und Theaterfotografen, Inspizienten, Mitarbeiters in der Verwaltung, Schauspielers oder Darstellers in Film und Werbung. Ihr ästhetisches Gespür können sie darüber hinaus in der Grafik-, Mode- oder Kosmetikbranche unter Beweis stellen. Aber natürlich stehen ihnen genauso vielfältigste andere Berufe offen, die mit ihrer bisherigen Tätigkeit überhaupt nichts zu tun haben – für manche ist dies sogar der ausschlaggebende Grund für ihre Wahl, da sie die Gelegenheit nutzen möchten, etwas wirklich Neues anzufangen und Abstand zu ihrem bisherigen Tänzerleben zu bekommen.

Mittlerweile existieren einige Hilfsangebote für Tänzerinnen und Tänzer, die sich in der Transition-Phase befinden, allen voran die des Stiftung Tanz – Transition Zentrum Deutschland, das 2010 gegründet wurde. Hier erhalten Tänzer Beratung zu ihren individuellen Anliegen; hier werden Informationen zum Thema gebündelt und in Form von Flyern, Online-Angeboten und Workshops in die Tanzszene hineingetragen. Auf die Frage, wie sie eine erfolgreiche Transition beschreiben würde, antwortet die Stiftungsvorsitzende Sabrina Sadowska in einem Interview mit Jörg Löwer:

»Begleitung von der Ausbildung an, Erfüllung als Tänzer im Beruf finden und im Anschluss reibungslos in einen neuen Beruf oder ein Studium wechseln. In Würde aufgefangen werden und sich mit neuen herausfordernden Aufgaben auseinandersetzen, bei denen man sich nach wie vor auch als ›Tänzer‹ fühlen kann.«[27]

Zu guter Letzt

Hohe Verletzungsrisiken, schlechte soziale Absicherung, harter Konkurrenzkampf – die Rahmenbedingungen sind oftmals wenig erfreulich. Warum lohnt es sich trotz alledem, Tänzer zu werden?
Weil der Beruf mit keinem anderen vergleichbar ist. Er fordert nicht nur ungeheuer viel, sondern gibt auch etwas zurück, was man nirgendwo sonst findet.

Wie viele künstlerische Berufe kann auch das Tanzen in einen Zustand höchster Konzentration und völliger Versunkenheit versetzen; es eröffnet Freiräume, um zu gestalten, zu suchen und sich überraschen zu lassen. Der Künstler hat die Möglichkeit, mit Hilfe seiner besonderen Talente und Fertigkeiten aus dem eigenen Selbst heraus zu schöpfen; er kann sich in seiner Arbeit wiederfinden, sich mit ihr identifizieren. Wie andere darstellende Künstler darf auch der Tänzer im Rampenlicht stehen, sich unter bewundernden Blicken und im Applaus sonnen, sich schön, cool, begehrenswert, ausdrucksstark, wichtig und besonders fühlen. Er kann in die ganz eigene Welt des Theaters eintauchen und eine Zeitlang leben wie sein Bühnen-Ich.

Was speziell der Kunstform Tanz vorbehalten bleibt, ist das extreme physische Erlebnis. Tänzer setzen sich eingehend mit ihrem Körper und seinen Bewegungen auseinander; sie kommen in den Genuss, ihn zu spüren, zu entdecken, zu beherrschen, die Grenzen des körperlich Machbaren auszuloten, sich in unbekannte Zustände zu versetzen. Sie können sich im Tanz mit Musik und anderen Menschen verbinden. Durch die intensive Bewegung schüttet der Körper verstärkt Endorphine aus: Das stimuliert und erzeugt Glücksgefühle – Tanzen kann also wortwörtlich berauschen.

Tänzerinnen und Tänzer lieben ihren Beruf, und sie müssen ihn lieben. Bis zu einem gewissen Grad bedingungslos. Das treibt sie an, das gibt ihnen Energie. Solange diese Energie alle Widrigkeiten des Berufes überwiegt, können sie nicht anders als zu tanzen.

Anhang

Staatliche Tanzausbildungsstätten im deutschsprachigen Raum

Neben den Ausbildungsangeboten zum Tänzer/zur Tänzerin werden hier auch die Studienrichtungen Tanzpädagogik und Choreographie sowie weitere Aufbaustudiengänge genannt. Für Österreich und die Schweiz werden zusätzlich zu den staatlichen auch diesen adäquate private Schulen aufgeführt.

Deutschland

Ballettschule des Hamburg Ballett – John Neumeier
Staatlich anerkannte Berufsfachschule für Ballett
Caspar-Voght-Straße 54
D-20535 Hamburg
www.hamburgballett.de/d/schule.htm
Ausbildung Vollzeit: Bühnentanz (2 Jahre)
Vorausbildung: Vorschulklassen (Alter 7–10 Jahre), Ausbildungsklassen (Alter 10–16 Jahre); Internat vorhanden

Deutsche Sporthochschule Köln
Institut für Tanz und Bewegungskultur
Am Sportpark Müngersdorf 6
D-50933 Köln
www.dshs-koeln.de → Weiterbildung
Weiterbildung: MA Tanzkultur V.I.E.W. (Vermitteln, Inszenieren, Evaluieren, Wissen) (6 Semester; berufsbegleitend; beinhaltet Modul ›Tanz in Schulen‹) in Kooperation mit dem Zentrum für Zeitgenössischen Tanz (ZZT) der Hochschule für Musik und Tanz Köln

Folkwang Universität der Künste
Institut für Zeitgenössischen Tanz (IZT)
Klemensborn 39
D-45239 Essen
www.folkwang-uni.de/home/tanz
Studiengänge: BA Tanz (8 Semester), MA Interpretation (4 Semester), MA Tanzpädagogik (4 Semester), MA Choreographie (4 Semester), MA Bewegungsnotation/Bewegungsanalyse (4 Semester), Zertifikatsstudium ›Folkwang Tanz‹ (2 Semester)

Hochschule für Musik und Darstellende Kunst Frankfurt am Main (HfMDK)
Ausbildungsbereich Zeitgenössischer und Klassischer Tanz (ZuKT)
Eschersheimer Landstraße 29–39
D-60322 Frankfurt am Main
www.hfmdk-frankfurt.info/studium/grundst-studiengaenge/bachelor/zeitgenoessischer-und-klassischer-tanz.html
Studiengänge: BA Tanz (8 Semester), MA Zeitgenössische Tanzpädagogik (4 Semester), MA Choreographie und Performance (4 Semester) in Kooperation mit dem Institut für Angewandte Theaterwissenschaften der Justus-Liebig-Universität Gießen (s. auch www.uni-giessen.de/theater/de/studium/cup)

Hochschule für Musik und Tanz Köln
Zentrum für Zeitgenössischen Tanz (ZZT)
Turmstraße 3–5
D-50733 Köln
www.zzt.hfmt-koeln.de
Studiengänge: BA Tanz (Schwerpunkt Tanz oder Tanzpädagogik; 8 Semester), MA Tanzwissenschaft (4 Semester), MA Tanzvermittlung (4 Semester; beinhaltet Modul »Tanz in Schulen«) in Kooperation mit der Deutschen Sporthochschule Köln

Hochschule für Musik und Theater München – Ballett Akademie
Wilhelmstraße 19
D-80801 München
www.musikhochschule-muenchen.de → Studium → Tanz
Studiengänge: BA Tanz (6 Semester), in Planung: MA Tanz bzw. Tanzpädagogik
Vorausbildung: Vorstufe (Alter 7–10 Jahre), Grundstufe (Alter 10–13 Jahre), Mittelstufe (Alter 14–16 Jahre); Wohnheim in Kooperation mit der Heinz-Bosl-Stiftung

Hochschulübergreifendes Zentrum Tanz Berlin (HZT)
Uferstudios
Uferstraße 23
D-13357 Berlin
www.zzt.hfmt-koeln.de
Studiengänge: BA Tanz, Kontext, Choreographie (6 Semester; Träger: Universität der Künste Berlin), MA Solo / Dance / Authorship (SODA) (4 Semester; Träger: Universität der Künste Berlin), MA Choreographie (4 Semester; Träger: Hochschule für Schauspielkunst ›Ernst Busch‹ Berlin)

John Cranko Schule
Ballettschule und staatliche Ballettakademie / Berufsfachschule
Urbanstraße 94
D-70190 Stuttgart
www.john-cranko-schule.de
Ausbildung Berufsfachschule: Tanz (2 Jahre)
Vorausbildung: Vorschule (Alter 6 – 10 Jahre), Grundausbildung
(Alter 10 – 16 Jahre); Internat vorhanden

Palucca Hochschule für Tanz Dresden
Basteiplatz 4
D-01277 Dresden
www.palucca.eu
Studiengänge: BA Tanz (6 Semester), BA Tanzpädagogik (8 Semester),
MA Tanzpädagogik (4 Semester), MA Choreographie (4 Semester),
Meisterklasse (4 Semester)
Vorausbildung: Orientierungsklassen (5. + 6. Klasse), Nachwuchsförder-
klassen (7. – 10. Klasse); integrierte Mittelschule; Internat vorhanden

Staatliche Ballettschule Berlin und Schule für Artistik
Erich-Weinert-Straße 103
D-10409 Berlin
www.ballettschule-berlin.de
Studiengang: BA Bühnentanz (6 Semester) in Kooperation mit der Hoch-
schule für Schauspielkunst ›Ernst Busch‹ Berlin, Abteilung Tanz
Vorausbildung: Kindertanzklassen (1. – 4. Klasse), 1. + 2. Ausbildungsjahr
(Alter 10 – 12 Jahre), 3. – 6. Ausbildungsjahr (Alter 13 – 16 Jahre); integrierte
Grundschule, Realschule und berufliches Gymnasium; Internat vorhanden

Staatliche Hochschule für Musik und Darstellende Kunst Mannheim – Akademie des Tanzes
N 7, 17
D-68161 Mannheim
www.akademiedestanzes.de
Studiengänge: BA Tanz (8 Semester), BA Tanzpädagogik (8 Semester),
MA Tanz (2 Semester), MA Tanzpädagogik (2 Semester)
Vorausbildung: Vorstudium (Alter 8 – 16 Jahre); Internat vorhanden

Österreich

Anton Bruckner Privatuniversität Linz
Institute of Dance Arts (IDA)
Wildbergstraße 18
A-4040 Linz, Donau
www.bruckneruni.at/Tanz/Institut
Studiengänge: BA Zeitgenössischer Bühnentanz (6 Semester), BA Tanzpädagogik / Movement Studies (8 Semester), MA Zeitgenössischer Bühnentanz (4 Semester), MA Tanzpädagogik / Movement Studies (4 Semester)

Ballettschule der Wiener Staatsoper
Goethegasse 1
A-1010 Wien
www.opera-balletschool.com
Ausbildung Oberstufe: Tanz (Alter 15 – 18 Jahre)
Vorausbildung: Unterstufe (Alter 10 – 14 Jahre); Internat vorhanden

International ChoreoLab Austria (ICLA)
Kooperation der Donau-Universität Krems und des Tanz Ateliers Wien
Dr.-Karl-Dorrek-Straße 30
A-3500 Krems
www.donau-uni.ac.at/icla
Angebot: Interdisziplinäre Seminare zu Choreographie in Theorie u. Praxis

Konservatorium Wien – Privatuniversität
Bräunerstraße 5
A-1010 Wien
www.konservatorium-wien.ac.at/studium/abt-11-tanz
Studiengänge: BA Zeitgenössischer und Klassischer Tanz (8 Semester), BA Zeitgenössische Tanzpädagogik (8 Semester)
Vorausbildung: Vorbereitungslehrgang (Alter 10 – 15 Jahre);
Internat vorhanden

SEAD – Salzburg Experimental Academy of Dance
Schallmooser Hauptstraße 48 a
A-5020 Salzburg
www.sead.at
Studiengänge: Undergraduate Tanz (4 Jahre); Postgraduate (jeweils 1 Jahr): Professional Company Year, Choreographer's Year

Schweiz

Ballettschule Theater Basel
Elisabethenstraße 16
CH-4010 Basel
www.theater-basel.ch → Nachwuchs
Ausbildung Senior Professional School: Tanz (5 Jahre; Alter ab 12 Jahre oder später)
Vorausbildung: Junior Professional School (Alter 7–13 Jahre); Internat vorh.

Centre de Formation Professionnelle Arts Appliqués (CFPAA)
Berufsfachschule
2 rue Necker
CH-1201 Genève
http://edu.ge.ch/cfpaa/formations/danseur-interprete
Ausbildung Vollzeit: Zeitgenössischer Tanz (3 Jahre)

Rudra Béjart Lausanne
Chemin du Presbytère 12
CH-1000 Lausanne 22
www.bejart-rudra.ch
Ausbildung Vollzeit: Tanz (2 Jahre)

Zürcher Hochschule der Künste (ZHdK)
Tanz Akademie Zürich (taZ)
Baslerstraße 30
CH-8048 Zürich
www.tanzakademie.ch
Ausbildung Vollzeit (Hauptstudium): Bühnentanz (3–4 Jahre)
Vorausbildung: Vorgrundstudium (Alter 8–11 Jahre), Grundstudium (Alter 11–15 Jahre); Internat vorhanden

Neben den Vorausbildungsangeboten an Hoch- und Berufsfachschulen (s. o.) existieren auch andere Modelle einer qualifizierten Vorausbildung an öffentlich getragenen Einrichtungen, etwa an städtischen Musikschulen oder an den Ballettkompanien der Stadt- und Staatstheater. Einen Sonderfall stellt das Gymnasium Essen-Werden dar, das Tanz als eigenen Fachbereich von der 5. Klasse bis zum Abitur anbietet:

Gymnasium Essen-Werden
Grafenstraße 9
D-45239 Essen
www.gymnasium-essen-werden.de

Private Tanzausbildungsstätten im deutschsprachigen Raum

Die unüberschaubare Anzahl, kontinuierliche Neugründungen und Schließungen machen es unmöglich, eine Liste privater Schulen zu erstellen, die Anspruch auf Vollständigkeit erheben darf. Doch auch eine Auswahl zu treffen erscheint problematisch. Sicherlich existieren private Institutionen, die hervorragende Arbeit leisten und deren Schüler später auf dem Berufsmarkt gute Chancen haben. Ein abschließendes Urteil über die Qualität einzelner privater Ausbildungsstätten lässt sich jedoch kaum pauschal fällen. Letztlich muss jeder für sich selbst herausfinden, welche Tanzrichtung, welche Form des Unterrichts ihm die besten Möglichkeiten zur tänzerischen Entfaltung bietet. Im Folgenden wird daher bewusst darauf verzichtet, ausgewählte private Bildungsstätten aufzuführen. Dafür werden zur Unterstützung der individuellen Recherche Quellen genannt, die Verzeichnisse privater Schulen bereitstellen.

Access to Dance. Tanzportal Bayern, www.accesstodance.de → Links
(Schulen in Bayern)

Austrian Dance Server, www.tanz.or.at → Bühnen- / Schautanz
(Schulen in Österreich)

Austrian Show Dance Union (ASDU), www.asdu.at → Schulen
(Schulen in Österreich, besonders Musical / Showtanz)

Dance Germany, www.dance-germany.org → Aus- und Weiterbildung
(Schulen in Deutschland)

dance-web, www.dance-web.de → Ausbildung / Schulen
(Schulen im deutschsprachigen Raum)

danse suisse / Tanz Schweiz, www.tanznetz.ch → Aus- / Weiterbildung
(Schulen in der Schweiz und international)

nrw landesbuero tanz, www.lb-tanz.de → tanz-service nrw
(Schulen in Nordrhein-Westfalen)

Reso – Tanznetzwerk Schweiz, www.reso.ch → Tanzszene
(Schulen in der Schweiz)

tanznetz.de, www.tanznetz.de → Links → Akademien / Tanzschulen / Studios
(Schulen überwiegend in Deutschland)

TanzRaumBerlin.de, www.tanzraumberlin.de → Landschaft → Ausbildungsorte
(Schulen in Berlin)

tanz. Zeitschrift für Ballett, Tanz und Performance, Friedrich Berlin Verlag (enthält Verzeichnis ausgewählter deutscher und internationaler Schulen)

Einen guten Überblick über die wichtigsten Anbieter für die Richtung Hip-Hop / Street Dance bietet eine Internetsuche zu den Stichworten ›Hip Hop Academy‹, ›Hip Hop Tanz‹ und ›Hip Hop Dance‹.

Europäische Tanzausbildungsstätten

Für staatliche bzw. der Hochschulausbildung entsprechende Ausbildungsstätten in Europa siehe:
www.tanzplan-deutschland.de/europa.php?id_language=1

Musicalausbildungsstätten im deutschsprachigen Raum

Staatlich

Bayerische Theaterakademie ›August Everding‹ München, Studiengang Musical
www.theaterakademie.de/de/studium/musical_studium/studieninfos.html

Folkwang Universität der Künste Essen, Studiengang Musical
www.folkwang-uni.de/home/theater/studiengaenge/musical

Hochschule Osnabrück, Studiengang Musical
www.ifm.hs-osnabrueck.de/36643.html

Konservatorium Wien – Privatuniversität, Studiengang Musikalisches Unterhaltungstheater
www.konservatorium-wien.ac.at/studium/abt-9-musikalisches-unterhaltungstheater

Universität der Künste Berlin, Studiengang Musical / Show
www.udk-berlin.de/musical-show

Privat

Eine Auflistung bekannter privater Musicalschulen bietet:
www.musicalzentrale.de/index.php?service=8&subservice=1&details=1080

Anhang

Workshops, Fort- und Weiterbildungen (Ankündigungen / Verzeichnisse)

Access to Dance. Tanzportal Bayern, www.accesstodance.de → Termine
Biennale Tanzausbildung, www.biennale-tanzausbildung.de
Bundesverband Tanz in Schulen e.V., www.tanzinschulen.org → Fortbildung
danse suisse / Tanz Schweiz, www.tanznetz.ch → Aus-Weiterbildung
GTF kompakt, Newsmagazin der Gesellschaft für Tanzforschung, www.gtf-tanzforschung.de → Aktuelles
InnoLernenTanz, www.innolernentanz.eu
nrw landesbuero tanz, www.lb-tanz.de → Weiterbildung / Seminare
Tanzmedizin Deutschland e.V., www.tamed.de
tanznetz.de, www.tanznetz.de → Termine
TanzRaumBerlin.de, www.tanzraumberlin.de → Aktuelles → Ausbildung / Workshops
tanz. Zeitschrift für Ballett, Tanz und Performance, Friedrich Berlin Verlag
Theaterforschung.de, Newsletter, www.theaterforschung.de → Newsletter

Siehe auch »Festivals« zu Workshop-Angeboten im Rahmen von Tanzfestivals.

Wettbewerbe, Preise (Verzeichnisse)

dance for you – Magazin, www.danceforyou-magazine.com → Links
Reso – Tanznetzwerk Schweiz, www.reso.ch → Tanzszene
tanznetz.de, www.tanznetz.de → Termine bzw. Links (Wettbewerbe)
Tanzplan Deutschland. Tanzprojektförderung, www.tanzfoerderung.de

Festivals, Tanzplattformen (Verzeichnisse)

nrw landesbuero tanz, www.lb-tanz.de → Tanz-Service NRW
Reso – Tanznetzwerk Schweiz, www.reso.ch → Tanzszene
Tanzkongress, www.tanzkongress.de
tanznetz.de, www.tanznetz.de → Links
TanzRaumBerlin.de, www.tanzraumberlin.de → Landschaft

Tanzzentren, Spielstätten, Kompanien (Verzeichnisse)

Access to Dance. Tanzportal Bayern, www.accesstodance.de → Links
Dance Germany, www.dance-germany.org

danse suisse / Tanz Schweiz, www.tanznetz.ch → Tanznetz
Goethe Institut, www.goethe.de → Künste → Tanz → Links → Veranstalter
nrw landesbuero tanz, www.lb-tanz.de → Tanz-Service NRW
tanznetz.de, www.tanznetz.de → Links
TanzRaumBerlin.de, www.tanzraumberlin.de → Landschaft
TanzSzene Baden-Württemberg, www.tanzszene-bw.de → Tanz vor Ort

Agenturen, Management (Verzeichnisse)

nrw landesbuero tanz, www.lb-tanz.de → Tanz-Service NRW → Agenturen / Management
tanznetz.de, www.tanznetz.de → Links → Agenturen / Castingagenturen
TanzRaumBerlin.de, www.tanzraumberlin.de → Landschaft → Presse- und Produktionsbüros
Zentrale Auslands- und Fachvermittlung (ZAV) der Bundesagentur für Arbeit, www.zav.arbeitsagentur.de

Jobbörsen und Audition-Infos

Bühnenjobs.de, www.buehnenjobs.de
Centre national de la danse, www.cnd.fr → professionnels
Dance Europe, www.danceeurope.net
dance for you – Magazin, www.danceforyou-magazine.com → Jobs-Auditions
danse suisse / Tanz Schweiz, www.tanznetz.ch → Tanz aktuell → Profitermine
kultiversum. Die Kulturplattform, www.kultiversum.de/Tanz-tanz → Service
StagePool, www.stagepool.com
tanznetz.de, www.tanznetz.de → Termine / Börsen
TanzRaumBerlin.de, www.tanzraumberlin.de → Aktuelles
tanz. Zeitschrift für Ballett, Tanz und Performance, Friedrich Berlin Verlag
Theaterjobs.de, www.theaterjobs.de
The Place, www.theplace.org.uk/services
Zentrale Auslands- und Fachvermittlung (ZAV) der Bundesagentur für Arbeit, www.zav.arbeitsagentur.de

Informationen zu Auditions und Vakanzen finden sich darüber hinaus auf den Homepages oder in den Social-Media-Auftritten der Tanzkompanien und teilweise auch der Tanzzentren.

Anhang

Fördermöglichkeiten: Projekt- / Basisförderung, Stipendien, Residenzen (Verzeichnisse)

danse suisse / Tanz Schweiz, www.tanznetz.ch → Information / Beratung
Goethe Institut, www.goethe.de → Künste → Tanz → Tanzresidenzen
nrw landesbuero tanz, www.lb-tanz.de → Tanz-Service NRW
Reso – Tanznetzwerk Schweiz, www.reso.ch → Tanzszene
Tanzplan Deutschland. Tanzprojektförderung, www.tanzfoerderung.de
TanzRaumBerlin.de, www.tanzraumberlin.de → Landschaft

Soziale Absicherung

Bayerische Versorgungskammer, www.versorgungskammer.de →
    Versorgungsanstalt der Deutschen Bühnen
Bundesagentur für Arbeit, www.arbeitsagentur.de
Bundesministerium für Bildung und Forschung, Aufstiegsstipendium,
    www.bmbf.de/de/12742.php
danse suisse / Tanz Schweiz, www.tanznetz.ch → Information-Beratung
Dell'Era-Gedächtnis-Stiftung, www.staatsballett-berlin.de/de_DE/about/
    foundation
Genossenschaft Deutscher Bühnen-Angehöriger (GDBA),
    www.buehnengenossenschaft.de
International Organization for the Transition of Professional Dancers
    (IOTPD), www.iotpd.org
Künstlersozialkasse (KSK), www.kuenstlersozialkasse.de
Reconversion des danseurs professionnels (RDP),
    www.dance-transition.ch
Stiftung TANZ – Transition Zentrum Deutschland, www.stiftung-tanz.com
Tanzmedizin Deutschland e.V., www.tamed.de
TanzRaumBerlin.de, www.tanzraumberlin.de → Landschaft → Fachberater
Transition in Dance (TID), www.transition-in-dance.net

Berufsverbände und Tanzorganisationen

ACT – Berufsverband der Freien Theaterschaffenden, www.a-c-t.ch
Austrian Show Dance Union (ASDU), www.asdu.at
Bayerischer Landesverband für Zeitgenössischen Tanz (BLZT), www.blzt.de
Berufsverband der Schweizer Tanzschaffenden, www.tanznetz.ch
Berufsvereinigung für Zeitgenössische Tanzpädagogik,
    www.tanzpaedagogik.at

Bundesdeutsche Ballett- und Tanztheaterdirektoren Konferenz (BBTK),
 www.bbtk.de
Bundesverband Tanz in Schulen e.V., www.bv-tanzinschulen.de
Dachverband Tanz Deutschland / Ständige Konferenz Tanz,
 www.dachverband-tanz.de
danse suisse / Tanz Schweiz, www.tanznetz.ch
Deutscher Berufsverband für Tanzpädagogik e.V. (DBfT), www.DBfT.de
Deutscher Bühnenverein, www.buehnenverein.de
Deutscher Bundesverband Tanz e.V. (DBT), www.dbt-remscheid.de
Genossenschaft Deutscher Bühnen-Angehöriger (GDBA),
 www.buehnengenossenschaft.de
Gesellschaft für Tanzforschung e.V. (GTF), www.gtf-tanzforschung.de
Gesellschaft für Zeitgenössischen Tanz NRW e.V. (GZT NRW),
 www.lb-tanz.de/gzt
Internationales Theater Institut (ITI) Deutschland, www.iti-germany.de
Internationales Theater Institut (ITI) Österreich, www.iti-arte.at
Internationales Theater Institut (ITI) Schweiz, www.iti-swiss.ch
Reso – Tanznetzwerk Schweiz, www.reso.ch
Royal Academy of Dance e.V., www.royalacademyofdance.de
Schweizerischer Ballettlehrerverband, www.ballettlehrerverband.ch
Schweizerischer Bühnen-Künstler Verband (SBKV), www.sbkv.com
Schweizerischer Bühnenverband, www.theaterschweiz.ch
Tanzmedizin Deutschland e.V., www.tamed.de
Zeitgenössischer Tanz Berlin e.V., www.ztberlin.de

Tanzarchive im deutschsprachigen Raum

Archiv Darstellende Kunst der Akademie der Künste Berlin,
 www.adk.de/de/archiv
Derra de Moroda Dance Archives Salzburg, www.ddmarchiv.org
Deutsches Musicalarchiv, www.deutsches-musicalarchiv.de
Deutsches Tanzarchiv Köln, www.sk-kultur.de/tanz
Deutsches Tanzfilminstitut Bremen, www.deutsches-tanzfilminstitut.de
Mime Centrum Berlin, www.mimecentrum.de
Schweizer Tanzarchiv / Collection suisse de la danse, www.tanzarchiv.ch
Tanzarchiv Leipzig e.V., www.tanzarchiv-leipzig.de

Darüber hinaus besitzen viele der Tanz-Hoch- und -Berufsfachschulen sowie der Theater mit Ballett- und Tanzkompanien eigene Archive.

Anhang

Tanz-Portale

Access to Dance. Tanzportal Bayern, www.accesstodance.de
Austrian Dance Server, www.tanz.or.at
ballettchat.de, www.ballettchat.de
Books on the Move. Bücher für Tanz und Bewegung,
  www.booksonthemove.eu
Bundesverband Tanz in Schulen e.V., www.bv-tanzinschulen.de
Centre national de la danse, www.cnd.fr
Dance Europe, www.danceeurope.net
Dance Germany, www.dance-germany.org
dance-web, www.dance-web.de
danse suisse / Tanz Schweiz, www.tanznetz.ch / www.dansesuisse.ch
Digitaler Atlas Tanz, www.digitaler-atlas-tanz.de
Goethe Institut, Tanz in Deutschland, www.goethe.de/kue/tut/deindex.htm
Motion Bank, www.motionbank.org
Musicals-Online.com, www.musicals-online.com
musicalzentrale, www.musicalzentrale.de
nrw landesbuero tanz, www.lb-tanz.de
numeridanse.tv. international online dance video library,
  www.numeridanse.tv
Reso – Tanznetzwerk Schweiz, www.reso.ch
Sarma. Laboratory for criticism, dramaturgy, research and creation,
  www.sarma.be
Tanz Forum Berlin, www.tanzforumberlin.de
tanznetz.de, www.tanznetz.de
TanzRaumBerlin.de, www.tanzraumberlin.de
TANZstadt: Bremen, www.tanzstadt-bremen.de
TanzSzene Baden-Württemberg, www.tanzszene-bw.de
Tanzweb Köln, www.tanzwebkoeln.de

Fachzeitschriften

Ballett Intern, www.ballett-intern.de (Print)
blickpunkt musical, www.blickpunktmusical.de (Print)
Contact Quarterly, www.contactquarterly.com (Print)
corpus. Internet Magazin für Tanz Choreografie Performance,
  www.corpusweb.net (Online)
Dance Europe. The International Dance Magazine,
  www.danceeurope.net (Print)
dance for you – Magazin, www.danceforyou-magazine.com (Print)

Dance International Magazine, www.danceinternational.org (Print)
Die Deutsche Bühne, www.die-deutsche-buehne.de (Print)
musicals. Das Musicalmagazin, www.musicals-magazin.de (Print)
Oper & Tanz, www.operundtanz.de (Print)
tanz.at. dance and beyond, www.tanz.at (Online)
Tanzpresse.de, www.tanzpresse.de (Online)
tanzraumberlin – das Magazin zur tanzcard, www.tanzraumberlin.de (Print)
tanz. Zeitschrift für Ballett, Tanz und Performance, www.tanzzeitschrift.de (Print)

Literatur

Tänzerbiographien, Tänzerberuf

»Beruf: Tänzer«, Schwerpunkt von balletttanz, 8/9 2009, S. 18–65
Endicott, Josephine Ann: Ich bin eine anständige Frau! Frankfurt a. M. 1999
Endicott, Josephine Ann: Warten auf Pina, Berlin 2009
Fischer, Dagmar Ellen: Egon Madsen. Ein Tanzleben, Leipzig 2012
Haase-Hindenberg, Gerhard: Polina. Aus der Moskauer Vorstadt auf die großen Bühnen der Welt, Köln 2010
Hellriegel, Götz: Traum-Tänzer: dreizehn Lebensberichte, Berlin 1994
Kopf hoch – Karrieren im Tanz. Jahrbuch 2011 der Zeitschrift tanz, 2011
Langsdorf, Maja: Ballett – und dann? Lebensbilder von Tänzern, die nicht mehr tanzen, Norderstedt 2005
Löwer, Jörg: Musical – Live. Erfahrungsbericht eines Musical-Darstellers, 2001, www.buehnengenossenschaft.de/organisation/berichte-von-freischaffenden/musical-live

Ausbildung

»Ausbilden«, in: »Beruf: Tänzer«, Schwerpunkt von balletttanz, 8/9 2009, S. 24–39
Albrecht, Cornelia / Cramer, Franz Anton (Hg.): Tanz [Aus] Bildung. Reviewing Bodies of Knowledge, München 2006
Diehl, Ingo / Lampert, Friederike (Hg.): Tanztechniken 2010 – Tanzplan Deutschland, Leipzig 2011
Fleischle-Braun, Claudia / Stabel, Ralf (Hg.): Tanzforschung & Tanzausbildung, Berlin 2008
Reinhardt, Angela: Der passende Spitzenschuh. Tipps & Tricks für Kauf, Tuning und Pflege, Berlin 2005
»Tanzausbildung in Deutschland«, Sonderheft tanzAKTUELL e.V. / TanzMediaMünchen e.V., Berlin 1992

Tanzplan Deutschland (Hg.): Jahresheft 2008. 1. Biennale Tanzausbildung /
Tanzplan Deutschland im Rahmen von CONTEXT#5 im Hebbel am
Ufer / HAU, Berlin 2008 (Download unter www.tanzplan-deutschland.de
→ Publikationen)
Waganowa, Agrippina J.: Grundlagen des Klassischen Tanzes, Berlin 2002

Tanz für Kinder und Jugendliche

Barz, Heiner / Kessel, Martina / Kosubek, Tanja / Müller, Bertram (Hg.):
Aufwachsen mit Tanz. Erfahrungen aus Praxis, Schule und Forschung,
Weinheim / Basel 2011
Bundesverband Tanz in Schulen / Schneeweis, Katharina (Hg.): Tanz in
Schulen. Theorie und Praxis, 2012 (Download unter
www.bv-tanzinschulen.de/144.html)
Bundesverband Tanz in Schulen (Hg.), verschiedene Publikationen
zum Thema Tanz in Schulen,
www.bv-tanzinschulen.de/verband-publikationen06.html
Frege, Judith: Kinderballett. Grundlagen, Methodik, Neue Wege, Leipzig
2012
Frege, Judith: Kreativer Kindertanz. Grundlagen, Methodik, Ziele, Berlin
2005
Gadelha, Catharina: Kreatives Tanzen mit Schulkindern. Ein Leitfaden für
Lehrer und Tanzpädagogen, Leipzig 2012
Ickstadt, Leanore: Dancing Heads. Ein Hand- und Fußbuch für kreativen
und zeitgenössischen Tanz mit Kindern und jungen Leuten von 4 bis
18 Jahren, München 2007
Schneider, Katja: Alle Kinder tanzen gern. Wie Tanzen Kinder fördert und
erfüllt, Wiesbaden 2004
Schneider, Katja (Hg.): Wann beginnt die Choreographie? Einblicke in den
Alltag von Tanz und Schule, München 2009

Berufsmarkt, Soziale Absicherung

Bildung oder Kunst – Wie Politik den Tanz lenkt. Jahrbuch 2010 der Zeitschrift tanz, 2010
Deutscher Bühnenverein (Hg.), verschiedene Publikationen und Statistiken
unter www.buehnenverein.de/de/publikationen-und-statistiken
Dümcke, Cornelia: TRANSITION Zentrum Tanz in Deutschland (TZTD).
Projektstudie zur Modellentwicklung, 2008,
www.stiftung-tanz.com/sources/sources.html
FIA (Hg.): Dancers' Career Transition. A EuroFIA Handbook, 2011,
www.stiftung-tanz.com/sources/sources.html

Fonds Darstellende Künste e.V. (Hg.): Report Darstellende Künste – Wirtschaftliche, soziale und arbeitsrechtliche Lage der Theater- und Tanzschaffenden in Deutschland, Essen 2010

Genossenschaft Deutscher Bühnen-Angehöriger (Hg.): Deutsches Bühnenjahrbuch. Das große Adressbuch für Bühne, Film, Funk, Fernsehen, Hamburg div. Jahrgänge

Genossenschaft Deutscher Bühnen-Angehöriger (Hg.), verschiedene Publikationen, u. a. zu Verträgen, unter www.buehnengenossenschaft.de/publikationen

Haak, Carroll: »Soziale Sicherung und Mobilität von Künstlern in Europa«, in: KUR, 1/2011, S. 12–18

Haak, Carroll / Schneider, Hilmar: Zur sozialen Absicherung von selbständigen Künstlern – Eine Bestandsaufnahme, 2012, www.managerkreis.de/thesenpapiere.aspx

Jeschonnek, Günter (Hg.): Freies Theater in Deutschland. Förderstrukturen und Perspektiven, Essen 2007

Löwer, Jörg: Transition in Deutschland: Interview mit der Vorsitzenden der Stiftung TANZ – Transition Zentrum Deutschland, 17.03.2011, www.buehnengenossenschaft.de/transition-in-deutschland-interview-mit-der-vorsitzenden-der-stiftung-tanz-transition-zentrum-deutschland#more-2415

Sorignet, Pierre-Emmanuel: Danser. Enquête dans les coulisses d'une vocation, Paris 2010

Tanzplan Deutschland (Hg.): Tanzplan Deutschland, eine Bilanz, Berlin 2011 (Download unter www.tanzplan-deutschland.de → Publikationen)

Gesundheit im Tanz

Exner-Grave, Elisabeth: Tanzmedizin. Die medizinische Versorgung professioneller Tänzer, Stuttgart 2008

Simmel, Liane: Tanzmedizin in der Praxis. Anatomie, Prävention, Trainingstipps, Berlin 2009

Tanzmedizin Deutschland e.V. (Hg.), div. Magazine, Infoblätter, Artikel und Broschüren zu Themen rund um die Gesundheit im Tanz (u. a. Ernährungstipps, Essstörungen, Verletzungsprävention, alternative Trainingsmethoden) unter www.tamed.de/mediathek

Wanke, Eileen M.: »Zu Risiken und ›Nebenwirkungen‹ des Tanzens. Tanzmedizin in Ausbildung und Beruf«, in: Gehm, Sabine / Husemann, Pirkko / Wilcke, Katharina von (Hg.): Wissen in Bewegung. Perspektiven der künstlerischen und wissenschaftlichen Forschung im Tanz, Bielefeld 2007

Tanzforschung, Tanzgeschichte, Tanzwissen

Dahms, Sibylle (Hg.): Tanz, Kassel 2001
Forsythe, William: Improvisation Technologies. A Tool for the Analytical Dance Eye, Ostfildern 1999
Jansen, Wolfgang: Cats & Co. Geschichte des Musicals im deutschsprachigen Theater, Berlin 2008
Kieser, Klaus / Schneider, Katja: Reclams Ballettführer, Stuttgart 2009
Müller, Hedwig / Stabel, Ralf / Stöckemann, Patricia: Krokodil im Schwanensee. Tanz in Deutschland seit 1945, Frankfurt a. M. / Berlin 2003
Regitz, Hartmut: Tanz in Deutschland. Ballett seit 1945. Eine Situationsbeschreibung, Berlin 1984
Synchronous Objects for »One Flat Thing, reproduced« by William Forsythe, www.synchronousobjects.osu.edu
»tanz.de«. Theater der Zeit, Arbeitsbuch 2005
Tanzplan Deutschland (Hg.): Jahresheft 2009. Tanz und Archive: Perspektiven für ein kulturelles Erbe, Berlin 2009 (Download unter www.tanzplan-deutschland.de → Publikationen)
Tanzplan Deutschland (Hg.): Tanz / Kuratieren zwischen Theorie und Praxis, Berlin 2009 (Download unter www.tanzplan-deutschland.de → Publikationen)
Weickmann, Dorion: Tanz. Die Muttersprache des Menschen, München 2012

Anmerkungen

1 *Tanzausbildung in Deutschland*, Sonderheft tanzAKTUELL e.V. / TanzMediaMünchen e.V., Berlin 1992.
2 Philip Taylor im Jahrbuch 2010 der Zeitschrift *tanz*, S. 82.
3 *Der Traum vom Tanzen. Schüler des Hamburg Ballett. Teil I: Contenance*, RTL Regional, 08.12.2008, www.rtlregional.de/videos.php?swid=7864 (Zugriff am 04.12.2012).
4 Im Bereich Musical existieren zwar Studiengänge an staatlichen Kunst- und Musikhochschulen, doch steht dort der Gesang im Vordergrund (Liste der Schulen s. Anhang).
5 *Tanzausbildung in Deutschland*, S. 67.
6 Diese Zahlen stützen sich auf die Berichte der Absolventen und Dozenten verschiedener Hochschulen zu den Jahrgängen 2009 / 10 und 2010 / 11.
7 Im Zuge ihrer Interviews mit 27 Balletttänzern hat beispielsweise Maja Langsdorf 2005 ermittelt, dass die von ihr Befragten im Durchschnitt mit Ende 20 / Anfang 30 aus dem Beruf ausgeschieden sind (Maja Langsdorf:

Ballett – und dann? Lebensbilder von Tänzern, die nicht mehr tanzen, Norderstedt 2005, S. 16).

8 Cornelia Dümcke: *TRANSITION Zentrum Tanz in Deutschland (TZTD). Projektstudie zur Modellentwicklung*, 2008, www.stiftung-tanz.com/sources/sources.html (Zugriff am 04.12.2012), S. 23 f.

9 Ebd., S. 19.

10 FIA (Hg.): *Dancers' Career Transition. A EuroFIA Handbook*, 2011, www.stiftung-tanz.com/sources/sources.html (Zugriff am 04.12.2012), S. 15.

11 Die genannte Stellenanzahl beruht auf unterschiedlichen Schätzungen: der im Interview mit der BBTK-Vorsitzenden Christiane Theobald in *tanz. Jahrbuch 2010*, S. 68 und den Entwicklungsprognosen der Statistiken des Bühnenjahrbuchs der Genossenschaft Deutscher Bühnenangehöriger und des Deutschen Bühnenvereins, siehe Dümcke 2008, S. 56.

12 »tanz in den ländern: berlin / nordrheinwestfalen«, in: *tanz. Jahrbuch 2010*, S. 45/48.

13 Dümcke 2008, S. 18. Aktuellere Daten speziell zu freischaffenden Tänzern wurden bisher nicht erhoben.

14 Ebd., S. 56. Die Zahlen beziehen sich auf die dort genannten, voneinander abweichenden Angaben der Statistik im Bühnenjahrbuch der Genossenschaft Deutscher Bühnenangehöriger und der Theaterstatistik des Deutschen Bühnenvereins.

15 In den 1980er-Jahren haben sich einige Städte wie z.B. Frankfurt am Main unabhängige Ballettintendanzen geleistet – das tun sie heute kaum noch.

16 Vgl. Dorion Weickmann: »Der Intendantenclub«, in: *tanz. Jahrbuch 2010*, S. 68 f.

17 Vgl. zu diesen Praktiken auch Jörg Löwer: *Transition in Deutschland: Interview mit der Vorsitzenden der Stiftung TANZ – Transition Zentrum Deutschland*, 17.03.2011, www.buehnengenossenschaft.de/transition-in-deutschland-interview-mit-der-vorsitzenden-der-stiftung-tanz-transition-zentrum-deutschland#more-2415 (Zugriff am 04.12.2012).

18 FIA 2011, S. 17.

19 Zahlen zu den öffentlichen Ausgaben für Tanz in Deutschland zwischen 2004 und 2009 finden sich in Tanzplan Deutschland (Hg.): *Tanzplan Deutschland, eine Bilanz*, Berlin 2011, S. 88–91, www.tanzplan-deutschland.de → Publikationen.

20 Laut Cornelia Dümckes Studie traf dies 2007 auf ca. 62 % der freischaffenden Tänzer in Deutschland zu (Dümcke 2008, S. 21).

21 Siehe Dümcke 2008, S. 13.

22 Siehe ebd., S. 20 f.

23 Eileen M. Wanke: »Zu Risiken und ›Nebenwirkungen‹ des Tanzens. Tanzmedizin in Ausbildung und Beruf«, in: Gehm, Sabine; Husemann, Pirkko; Wilcke, Katharina von (Hg.): *Wissen in Bewegung. Perspektiven der künstlerischen und wissenschaftlichen Forschung im Tanz*, Bielefeld 2007, S. 163.

24 Interview mit Caroline Llorca von Katja Werner in *tanz*, 8/9 2009, S. 27.

25 Patricia Stöckemann, in: Müller, Hedwig; Stabel, Ralf; Stöckemann, Patricia: *Krokodil im Schwanensee. Tanz in Deutschland seit 1945*, Frankfurt a. M. / Berlin 2003, S. 272.

26 Vgl. z. B. Carroll Haak: »Soziale Sicherung und Mobilität von Künstlern in Europa«, in: *KUR*, 1/2011, S. 12–18.

27 Jörg Löwer: *Transition in Deutschland: Interview mit der Vorsitzenden der Stiftung TANZ – Transition Zentrum Deutschland*, 17.03.2011, www.buehnengenossenschaft.de/transition-in-deutschland-interview-mit-der-vorsitzenden-der-stiftung-tanz-transition-zentrum-deutschland#more-2415 (Zugriff am 04.12.2012).

Abbildungsverzeichnis

S. 1: Kimball Wong in *Be Your Self* (Ch. Garry Stewart), Australian Dance Theatre 2010. © Chris Herzfeld – Camlight Productions

S. 9: Beatrice Knop in *Schwanensee* (Ch. Patrice Bart), Staatsballett Berlin 2010. © Maria-Helena Buckley

S. 13: Miki Wakabayashi in *Blue – Creation 29* (Ch. Marguerite Donlon), Ballett des Saarländischen Staatstheaters 2011. © Bettina Stöß

S. 41: Ronni Maciel (oben), Denis Kuhnert und Hilde Elbers in *Berlin Elsewhere* (Ch. Constanza Macras), Schaubühne am Lehniner Platz Berlin 2011. © Marquardt / drama-berlin.de

S. 93: Nadja Saidakova und Arshak Ghalumyan in *Herman Schmerman* (Ch. William Forsythe), Staatsballett Berlin 2012. © Bettina Stöß

S. 139: Jonas Kilian und Ronni Maciel in *Hell on Earth* (Ch. Constanza Macras), Hebbel am Ufer, Berlin 2008. © Braun / drama-berlin.de

S. 159: Regina Advento in *Sweet Mambo* (Ch. Pina Bausch), Tanztheater Wuppertal 2008. © Ursula Kaufmann

Anhang

Dank

Ich möchte all denen ganz herzlich danken, die sich die Zeit genommen haben, ihr Wissen und ihre Erfahrungen in der Tanzwelt mit mir zu teilen:

Roman Arndt, Victoria Bergmann, Wiebke Bickhardt, Walter Bickmann, Julia Bouriakova, Prof. Jan Broeckx, Maria-Helena Buckley, Etoile Chaville, Prof. Ingo Diehl, Dr. Henner Drewes, Sibylle Günther, Dr. Carroll Haak, Thomas Hart, Frauke Havemann, Prof. Dieter Heitkamp, Eva-Maria Hoerster, Dr. Wolfgang Jansen, Prof. Dr. Claudia Jeschke, Ramon A. John, Julek Kreutzer, David Kummer, Dr. Friederike Lampert, Thomas Langkau, Alexandra Marschner, Sarah Menger, Viara Natcheva, Adrian Navarro, Astrid Posner, Judith Preuss, Angela Reinhardt, Robin Rohrmann, Heike Scharpff, Fang-Yu Shen, Dr. Liane Simmel, Johanna Spantzel, Prof. Dr. Ralf Stabel, Dr. Christiane Theobald und Be van Vark.

Für Hilfe und Anregungen danke ich außerdem Marina Dafova, Christina Deloglu-Kahlert, Jo Ann Endicott, Anne Gieseke, Ass. Prof. Dr. Nicole Haitzinger, Dorothea Kennweg, Uta Müntefering, Wiebke Pöpel, Ka Rustler und Dr. Maren Witte.

Ebenso danke ich all meinen Tanzlehrern, die mein tänzerisches Leben geprägt haben, insbesondere Anna-Maria Nickisch, Julia Bouriakova, dem tanztheater macasju, Minako Seki und Frauke Havemann.

Mein Dank geht auch an das Team des Henschel Verlags, allen voran an die Programmleiterin Susanne Van Volxem, die sich von Anfang an für das Buch eingesetzt hat, und an Dr. Sabine Bayerl für ihr hervorragendes Lektorat.

Besonders möchte ich meiner Mutter dafür danken, dass ich mit ihr zusammen den Tanz entdecken durfte. Gewidmet ist dieses Buch Johannes, Henrik, Christa und Haru, die mich bei all meinen Aktivitäten stets bedingungslos unterstützt haben.

Abschließend eine Verbeugung vor allen, die das Tanzen zu ihrem Beruf gemacht haben und uns mit dieser wunderbaren Kunstform beglücken.

Die Autorin

WIBKE HARTEWIG, geb. 1975, ist promovierte Tanz- und Theaterwissenschaftlerin mit langjähriger praktischer Erfahrung in Ballett, Tanztheater, Butoh und zeitgenössischem Tanz. Als Lektorin arbeitete sie zunächst für den Henschel Verlag; mittlerweile ist sie freiberuflich als Autorin und Lektorin vor allem im Bereich Darstellende Kunst tätig.